I0352641

www.ingramcontent.com/pod-product-compliance
Lightning Source LLC
Chambersburg PA
CBHW052124070526
44586CB00016B/2066
*9781617046674*

# הגדה
# של פסח

## שמחת חיים

עם הסברים, ביאורים, מנהגים והלכות

היב"ש

ידוע כי אין בר בלי תבן, כך אין ספר בלי טעויות, ועוד יודע אני כי דל ועני אני, **ואין עני אלא בדעה**. לכן מבקש אני בכל לשון של בקשה אם יש לכל אחד שאלות, הערות, הארות, תיקונים, נא לשלוח ל - simchatchaim@yahoo.com והשתדל לענות, ולתקן את הצריך תיקון.

אין לעשות שימוש כל שהוא בחומר שבחלק זה לצורך מסחרי, אלא רק ללמוד וללמד.
להשיג ספר זה או ספרים אחרים לאינפורמציה
simchatchaim@yahoo.com

Copyright © All Rights reserved to Itzhak Hoki Aboudi

כל הזכויות שמורות למהדיר © יצחק חוגי עבודי

מהדורה ראשונה תשפ"ד 2024

# הגדה של פסח – שמחת חיים

## הקדמה לליל הסדר, והלכות באופן כללי

רבינו האר"י ז"ל מסביר כי כל ירידת בני ישראל למצרים, עבודת הפרך ויציאת מצרים והסדר של ליל פסח קשור באופן ישיר לחטא אדם וחווה וחטא עץ הדעת. ידוע כי באותו יום שנברא האדם וחווה חטא האדם באכילה מעץ הדעת אשר אלוהי"ם אסר עליו לאוכלו. חז"ל דנו בשאלה איזה פרי היה עץ הדעת.
יש שלוש דעות מרכזיות, באחת כי העץ היה **חיטה**, השנייה **גפן**, והשלישית **תאנה**.
יש עוד דעה שהעץ היה אתרוג.
ידוע כי כל דבר חז"ל בגמרא ובמדרשים הם דברים עמוקים ולא סיפורים בעלמא אלא הכל סודות עמוקים בתורת הקבלה והנסתר.
רבינו יוסף חיים מבגדד מסביר[1] את הסיבה לשלושת מיני הפרי. חיטה, האות הראשונה זה **ח'**, גפן זה **ג'**, ותאנה זה **ת'**. בשלושת האותיות האלה לחסד גבורה תפארת. כאן חז"ל רמזו לנו על סוד נפלא כי האדם וחוה פגעו בספירות הקדושות, ואנחנו צריכים לתקן את החטא בסוד הפסוק "אבות אכלו בוסר ושיני בנים תקהינה". התיקון הוא שכמו שהאדם פגע באכילת החיטה [חסד] אנחנו צריכים לאכול בקדושה את המצה העשויות מחיטה. כמו שהאדם פגע בגפן [גבורה] צריכים אנו לתקן בזה ששותים ארבע כוסות יין. את התאנה [תפארת] מתקנים כאשר אוכלים את החרוסת.
**בסדר** הפסח יש ט"ו [15] חלקים, הנזכרים בתחילת הסדר, קדש ורחץ... שלחן עורך... וכו'.
**בעל** הבית יתנהג הוא ואשתו כמלכים. יהיה השולחן מסודר ומפואר כפי יכולת המשפחה, ואם אפשר להשתמש בכלי כסף וזהב, מה טוב. ובעל הבית יקבל את כוס הקידוש בשתי ידיו מאדם אחר ויחזיק אותו ביד ימין. על פי הקבלה יש למזוג לכוס הקידוש שלוש טיפות של מים. את הקידוש יש לעשות בעמידה והשתייה בישיבה. כאשר שותים יש לסב לצד שמאל בשתייה, וגם באכילת המצה, והכורך.

---

[1] **בן איש חי ש"ב בראשית, הקדמה** – "ותרא האשה כי טוב העץ למאכל וכי תאווה הוא לעיניים ונחמד העץ להשכיל ותיקח מפריו ותאכל". הנה רבותינו זכרונם לברכה אמרו - עץ שאכל אדם הראשון, חטה היה. עוד אמרו - גפן היה. עוד אמרו - תאנה היה. ובאמת אלו ואלו דברי אלהי"ם חיים דכלהו איתנהו, כי עץ הדעת היה בו פרי טעם חטה, ופרי טעם תאנה, ופרי טעם גפן. ואל תתמה על הדבר, הלוא **במן** מצינו דאמרו רבותינו זיכרונם לברכה - שהיה מתהפך לכל טעמים שבעולם. ונראה דהיה בעץ הדעת פירות משלשה מינים אלו שהם ראשי תיבות **חג"ת**, מכונים לשלשה קווין שהם: **ח'**סד **ג'**בורה **ת'**פארת, אשר גם כן ראשי תיבות שלהם **חג"ת**, והאדם שנקרא - "עץ השדה", הנה גם בו יש שלשה קווין שהם **חג"ת**, ולכן זכר הכתוב שלשה חלוקות............

**הלכות ליל הסדר**

**א. קדש** טוב שהילדים ישנו בערב פסח ביום, בכדי שיוכלו להישאר ערניים בכל הסדר, ויקיימו בהם מצות והגדת לבנך. וילד שמבין בסיפור יציאת מצרים, מצווה לתת לפניו יין לארבע כוסות, אלא שאין צריך רביעית, וייתן להם מיץ ענבים.
כל בני הבית צריכים להקשיב אל הקידוש, והשומע והמשמיע יכוונו לצאת ולהוציא ידי חובה, יצאו ידי חובה.
והקידוש נוהגים לאומרו מעומד, וכשמסיים הקידוש יושב ומסב ושותה מכוס הקידוש, צריכים הסיבה בשתיית ארבע הכוסות, ובאכילת כזית המצה הראשון, באכילת הכורך ובאכילת האפיקומן, ושאר כל סעודתו אם ירצה להסב, הרי זה משובח. ומהותה של ההסיבה היא פעולה של ישיבה לצד שמאל, וגם אדם איטר יד שמאלי יטה על צידו השמאלי בדרך של חירות- המעוררת את תודעתו של האדם ושל הסובבים לחוש את תחושת החירות, ההסבה צריכה להיות בצד שמאל, ואם הסב בצד ימין, כאלו לא הסב כלל.
ניתן להישען על משענת יד של הכסא, ואם אין ידית לכסא משענת יסב על גב הכסא, או יכול להיסב על צד השולחן או על חברו.
הנשים חייבות בהיסבה באכילת המצה ובאכילת הכורך והאפיקומן וכמובן גם בשתיית ד הכוסות, אך אישה שלא היסבה, בדיעבד יצאה ידי חובה.
ולכן אם אכל מצה בלא היסבה, צריך לחזור ולאכול, וכן אם שתה ארבע כוסות בלא היסבה, חוזר לשתות בהיסבה ואינו מברך בשנית ברכת הגפן כאשר שכח להיסב. ואפילו בכוס שלישי או רביעי. אדם שאינו בקו הבריאות וקשה לו לחזור ולשתות יכולים להקל ולא להיסב.
אפילו מי שהיין מזיקו, או ששונא את היין, חייב לדחוק את עצמו לשתות ארבע כוסות, ומברך על היין כרגיל, אך די אפילו לכתחילה לאדם כזה לצאת ידי חובה במיץ ענבים, וכן יש להקל לנשים שקשה עליהן מאד לשתות ארבע כוסות של יין ממש, לשתות מיץ ענבים לארבע כוסות. וכל זה לעניין ארבע כוסות, אבל לקידוש והבדלה, מיץ ענבים כשר אף לכתחילה. שיעור הכוס הוא 81 סמ"ק וישתה לכתחילה כל הכוס, ובדיעבד אם שתה רובו יצא. גם בקידוש של ליל פסח שכוסו של כל אחד ואחד מונח בידו, יש לנהוג כמו בקידוש של שבת ויום טוב, שבעל הבית או ראש המשפחה לבדו יאמר כל ברכות הקידוש, ויכוון להוציא את כל השומעים ידי חובתם.
כשמברך שהחיינו בקידוש יכוין לפטור גם את המצה והמרור מברכת שהחיינו
**ב. רחץ**, נוטל ידיו כדין נטילת ידיים לאכילת פת, בכל דקדוקיה ופרטיה, כדי לטבל הכרפס במשקה, שכל דבר שטיבולו במשקה צריך נטילת ידיים, ובכל זאת לא יברך על נטילת ידיים, וטוב שלא ישיח עד אחר ברכת ואכילת הכרפס, משום שמיד לנטילה ברכה.
**ג. כרפס**, ייקח פחות מ-27 גרם כרפס, ויטבילנו בחומץ או במי מלח ולימון, שיש בהם רוב מים, ויברכו כל המסובים עליו **בורא פרי האדמה** ויכווין לפטור בזה את המרור שאוכל אחר כך בלי ברכת האדמה. ולכתחילה יש להדר אחר הכרפס, מפני

שיש טעמים רבים לאכילתו, אולם אם אינו מוצא כרפס ייקח אחד משאר ירקות, ויטבילנו בחומץ כנזכר. אבל עדיף יותר לעשות כן בכרפס.

**ד. יחץ**, ייקח מן השלש מצות המונחות לפניו, את המצה האמצעית, ויחצה אותה לשתים, ויניח את החלק הקטן בין שתי המצות השלמות, ואת החלק הגדול ייתן לאחד מן המסובים, לשומרה לאפיקומן, ואם שכח ולא בצע קודם ההגדה, בוצע באמצע ההגדה במקום שנזכר. ונותנים אותה תחת המפה, ולא יבצע בסכין אלא בידו, שכן דרכו של עני.

**ה. מגיד**, אחת המצוות **העיקריות ביותר של ליל הסדר** הוא לספר בסיפור יציאת מצרים, וראוי לספר במדרשי אגדה בדברים המושכים לבבות השומעים, בחסדי השם יתברך עמנו, וכבר הפליגו בזוהר הקדוש בשבח המספר ביציאת מצרים בליל פסח. ואמרו שכל מי שמספר ביציאת מצרים בליל פסח ושמח בסיפור ההוא, עתיד הוא לשמוח עם השכינה בעולם הבא. ומכל מקום כשיש ילדים קטנים, שיש חשש שישנו לפני אכילת מצה ומרור לא יאריך כל כך, כדי לזכותן בכל המצוות הנהוגות.

קודם מה נשתנה, **מוזגים לו כוס שני**, כדי שישאלו התינוקות למה שותים כוס שני קודם סעודה. ואם אין שם בן, אשתו שואלת, ואם לאו הוא שואל את עצמו, ואפילו תלמידי חכמים שואלים זה לזה מה נשתנה. ואין צריך לשטוף ולהדיח הכוס, אם כל אחד שותה מכוסו, ואין שם תערובת כוסות.

אף הנשים חייבות בסיפור יציאת מצרים, ואם אינה יודעת לקרוא, יכולה לצאת ידי חובה בשמיעה, שהשומע כעונה, ויטו אוזן קשבת להבין עניין יציאת מצרים ואם אינה מבינה בלשון הקודש, צריך לתרגם לה בשפה המובנת לה. נכון לכתחילה שלא יוציאו את האנשים ידי חובה. מיהו בדיעבד יצאו האנשים ששמעו ממנה, ידי חובת ההגדה וסיפור יציאת מצרים. ומהיות טוב יאמרו הגברים, פסח מצה ומרור, וטעמיהם.

מצות עשה לספר לילדיו סיפור יציאת מצרים, ולהרחיב בדבר, אפילו אם אינם יודעים לשאול, ילמדם כפי דעתם, ולאו דווקא בנו, אלא שהבן קודם ועיקר המצווה בבן שלא הגיע למצוות, כל שיודע ומבין בסיפור יציאת מצרים. ולפי דעתו של בן, אביו מלמדו. ומצווה זו מתייחסת גם לבנות.

כשיאמר **דם ואש ותמרות עשן**, נוהגים לשפוך מעט מן הכוס עצמו. לתוך כוס שבור, וכן כשמזכיר **המכות** בראשי תיבות **דצ"ך עד"ש באח"ב** בכלל, ובפרט דם צפרדע וכו', ובסך הכל ט"ז [16] פעמים. ונוהגים לשופכו כולו, ואחר כך שוטפין הכוס ומוזגים אותו שנית.

במהלך קריאת ההגדה כשיגיע לאמירה "**מצה זו**" צריך להגביה המצה, להראותה למסובין שתתחבב המצווה עליהם, ויש להגביה המצה הפרוסה שהיא כלחם עוני. וכן כשיגיע למרור זה. אבל כשאומר פסח שהיו אבותינו וכו', לא יגביה הזרוע הצלוי שהוא זכר לקרבן פסח, שאז נראה כאילו הקדישו לכך, אלא יסתכל בו ודיו. אחר שבירך ברכת אשר גאלנו עד גאל ישראל, שותה הכוס השני בהסבה לצד שמאל, ואם שכח ושתה בלא היסבה, חוזר ושותה בהיסבה. ואין צריך לחזור ולברך על הכוס האחר ברכת בורא פרי הגפן [האשכנזים מברכים על כל ארבעה הכוסות],

ואף אם אינו רגיל לשתות יין באמצע סעודתו. ולא יברך אחריו על הגפן, שברכת המזון פוטרתו.

**ו. רחצה**, ייטול ידיו כדת, ויברך על נטילת ידיים.

נהגו בליל פסח שלא לאכול בשר בהמה חיה או עוף הצלויים, אך ביום אין איסור. אבל הזרוע שנהגו לצלותו ולהניחו בקערה של הסדר, אין לאכלו בליל פסח.

**ז. מוציא**, ייקח המצות כסדר שהניחם, הפרוסה בין שתי השלמות, ויאחזם בידו ויברך "המוציא לחם מן הארץ". ונוהגים שלאחר שמברך המוציא שומט המצה השלישית מידו, ונשארת בידו העליונה עם הפרוסה.

**ח. מצה**, ומברך "על אכילת מצה". ובוצע מהשלמה העליונה ומן הפרוסה משתיהן ביחד, כזית 27 גרם מכל אחד, ויטבלם במלח, ויאכלו כל אחד מאנשי הבית בהסבה ביחד. ואם אינו יכול לאכול כשני זיתים ביחד, יאכל של המוציא תחלה שהיא השלימה העליונה, ואחר כך של אכילת מצה שהיא הפרוסה, ובדיעבד אם אכל רק כזית אחד, בין מן השלימה בין מן הפרוסה יצא.

**ט. מרור**, ייקח כזית 27 גרם מרור, וישקענו מקצתו בחרוסת, והמחמיר לשקעו כולו בחרוסת תבוא עליו ברכה. אבל לא ישהנו בתוכו, כדי שלא יתבטל טעם מרירותו, ולכן צריך גם כן לנער את החרוסת מעליו, ויברך **על אכילת מרור**, ויאכלנו בלא היסבה. אף אם שכח לתבל המרור בחרוסת, ואכלו בלא טיבול, צריך לחזור ולאכול כזית מרור על ידי טיבול בחרוסת בלי ברכה.

**י. כורך**, יקח כזית מצה, מן המצה השלישית, וכורכה עם כזית מרור, וטובלה בחרוסת, ואומר: **זכר למקדש כהלל וכו'**, ואוכלם ביחד בהיסבה.

אחר שתיבל הכריכה בחרוסת אין צריך לנער החרוסת אחר הטיבול, שהואיל ואינו אלא דרך טיבול בעלמא, כיון שאינו משהה הכריכה בתוך החרוסת, אינו מבטל טעם המרור וכן המנהג.

צריך לאכול הכריכה בהיסבה, ומכל מקום מי ששכח ואכל הכורך בלי היסבה, וקשה עליו לחזור ולאכול אין צריך לחזור ולאכול בהיסבה. ומיהו אם רוצה להחמיר ולאכול שנית בהיסבה, תבוא עליו ברכה.

**יא. שולחן עורך**, ערוך שולחנו ויסעד לבו בשמחה, כיד ה' הטובה עליו. ואם היסב הרי זה משובח. והחכם עיניו בראשו לבל ימלא כריסו, כדי שיאכל את האפיקומן בתיאבון, ולא אכילה גסה, ושלא יהיה עליו לטורח.

**יב. צפון**, לאחר גמר כל הסעודה, אוכלים אפיקומן ממצה השמורה המונחת תחת המפה כזית מצה לכל אחד מהמסובים, זכר לפסח הנאכל על השובע ויש לכוין זאת באכילה . ויש נוהגים לומר זכר לקרבן פסח. ואת האפיקומן אוכל ללא שום תוספת כדי שיהיה טעם מצה בפיו.

יש, להסב בעת אכילת האפיקומן, שאם לא כן יצטרך לאוכלו שנית, בהיסבה.

אין לאכול שום דבר אחר האפיקומן, כדי שיישאר טעם מצה בפיו. מותר לשתות מים אחר אפיקומן, ושאר משקים שאינם משכרים, אבל לא יין, או שאר משקים המשכרים, חוץ משתי כוסות היין שתקנו חז"ל. והיושב ועוסק בהלכות פסח ובסיפור יציאת מצרים אחר הסדר, רשאי לשתות קפה או תה, כדי להתעורר ולהפיג

הגדה של פסח – שמחת חיים

יינו. נכון לומר דברי תורה על השולחן, **וללמוד משניות פסחים**, דבר בעתו מה טוב.

**יג. ברך**, ייטול ידיו למים אחרונים ויברך ברכת המזון על הכוס, וישטוף הכוס וידיחנו אפילו הוא נקי, ומקבלו בשתי ידיו, וכשמתחיל לברך נוטלו בידו הימנית ללא סיוע בידו השמאלית, ויגביהנו מעל השולחן טפח, ונותן בו עיניו שלא יסיח דעתו וכל המסובים יתפסו הכוס בידם בעת ברכת המזון. אם בשבת מוסיפים רצה והחליצנו ביום השבת הזה.

כשיסיים ברכת המזון **יברך על הכוס השלישית בורה פרי הגפן**, ויכוון לפטור כוס רביעית [האשכנזים מברכים על הכוס הרביעי], וישתה הכוס בהיסבה, ואם לא היסב חוזר ושותה בהיסבה. אם רצה לשתות יין בין כוס שלישית לרביעית לא ישתה.

**יד. הלל**, יגמור ההלל בשמחה וחדווה, ויאחז הכוס בידו כדי לגמור עליו את ההלל. ואם אינו יכול לעשות כן במשך כל ההלל, יוכל להניחו לפניו ודיו. ומכל מקום טוב לאחזו לפחות בברכת יהללוך.

חשוב לעודד את כל המסובים שיאמרו ההלל בהתלהבות, ולא יקראו את ההלל והם מתנמנמים, ומכל שכן בשחוק וקלות ראש.

יזהר לסיים את ההלל קודם חצות הלילה, וכן שתיית כוס רביעי, ומכל מקום אם נתאחר עד אחר חצות, לא יחתום ברכת יהללוך בשם ה'.

ישתה הכוס בהיסבה, ולא ישתה פחות מרביעית, שהוא שיעור של 81 סמ"ק, כדי שיברך ברכה אחרונה, ואם שכח ולא היסב, אם נשאר בכוס קצת יין, יחזור וימלאנו וישתה בהיסבה בלי ברכת הגפן. ואם לאו, ישתה כוס אחר ויברך עליו.

**טו. נרצה**, ירצה ה' פועלו ותהי משכורתו שלימה, ומצוה שיספר ביציאת מצרים אחר הסדר כפי יכולתו, ויש נוהגים לומר פיוטים ויישן מתוך קריאת שמע, והמנהג כבכל לילה לקרוא קריאת שמע שלעל המיטה את שלושת הפרשיות.

חייב אדם לעסוק בהלכות פסח וביציאת מצרים, ולספר בנסים ובנפלאות שעשה הקב"ה לאבותינו, עד שתחטפנו שינה.

שנזכה לחג כשר ושמח גאולה פרטית וכללית בקרוב אמן!

## סדר בדיקת חמץ אור ליום י"ד ניסן וביעורו ביום י"ד ניסן

נוהגים קודם לבדיקה, להטמין עשרה פתיתי חמץ, שכל אחד מהם פחות מכזית אך יחדיו מצטרפים לשיעור זה, כדי שברכת הבדיקה לא תהיה לבטלה. חשוב לזכור, כדאי לרשום בפתק את המקומות בהם הוסתרו פתיתי החמץ.

### בְּדִיקַת חָמֵץ

לפני[2] הברכה אם יכול להניח פרי חדש או ילבש בגד חדש, ויברך שחיינו.

בָּרוּךְ אַתָּה יְהוָהיאהדונהי, אֱלֹהֵינוּ מֶלֶךְ הָעוֹלָם, שֶׁהֶחֱיָנוּ, וְקִיְּמָנוּ, וְהִגִּיעָנוּ, לַזְּמַן הַזֶּה.

ואחר[3] כך יברך בכוונה ובשמחה על ביעור החמץ, ומיד יתחיל לבדוק היטב.

בָּרוּךְ אַתָּה יְהוָהיאהדונהי, אֱלֹהֵינוּ מֶלֶךְ הָעוֹלָם, אֲשֶׁר קִדְּשָׁנוּ בְּמִצְוֹתָיו, וְצִוָּנוּ עַל בִּעוּר חָמֵץ.

אחר כך יאמר בקול רם שלוש פעמים.

כָּל חֲמִירָא דְאִיכָּא בִרְשׁוּתִי, דְּלָא חֲזִיתֵיהּ וּדְלָא בִיעַרְתֵּיהּ, לִבְטִיל וְלֶהֱוֵי כְּעַפְרָא דְאַרְעָא.

ואחר הביטול יאמר תפילה זו.

יְהִי רָצוֹן מִלְּפָנֶיךָ יְהוָהיאהדונהי אֱלֹהֵינוּ וֵאלֹהֵי אֲבוֹתֵינוּ שֶׁתִּתֵּן לָנוּ כֹּחַ וִיכֹלֶת וְעֵזֶר וְסִיוּעַ לְפַשְׁפֵּשׁ בְּנִגְעֵי בָּתֵּי הַנֶּפֶשׁ אֲשֶׁר נוֹאַלְנוּ בַּעֲצַת יִצְרֵנוּ הָרַע.

---

[2] **בן איש חי ש"א צו ה'** - קודם בדיקה יברך "אשר קדשנו במצותיו וציונו על ביעור חמץ", לפי שהבדיקה היא צורך הביעור. ואף על גב דמצוה זו היא באה מזמן לזמן אין מברכים עליה שהחיינו. מיהו כתבו האחרונים **אם נזדמן אצלו בגד חדש או פרי חדש יברך שהחיינו ויכוין לפטור גם מצוה זו.**

[3] **בן איש חי ש"א צו ו'** - המנהג שמוליכין עם הבודק קערה שנותנין בתוכה חתיכת לחם וסכין כדי לחטט בה בחורין וסדקין, ויש נוהגין לתת עשרה פתיתי חמץ בזויות הבית קודם בדיקה כדי שימצאם הבודק ויבערם, ופה עירינו בגדאד נוהגין להניח בקערה הנזכרת מעט מלח, והטעם דהשטן וגונדא דיליה מתקנאין במצות בדיקת החמץ הרבה, ולכן מוליכין עם הבודק מלח לדחות המשטינים והמקטרגים, על דרך שאמרו בהשמת המלח על השלחן, ועוד טעם אחר דעושין כן לסימנא טבא שנזכה לשנים רבות לבדוק בכל שנה ושנה, דהמלח הוא סימן לקיום דכתיב, ברית מלח שהוא דבר המתקיים.

ביום[4] י"ד בניסן, יקיים מצות הביעור על ידי שריפה, והיא מצות עשה מדאורייתא.

ויבטל בקול רם שלוש פעמים.

**כָּל חֲמִירָא דְאִיכָּא בִרְשׁוּתִי, דַּחֲזִיתֵיה וּדְלָא חֲזִיתֵיה, דְּבִיעַרְתֵּיה וּדְלָא בִיעַרְתֵּיה, לִבְטִיל וְלֶהֱוֵי כְּעַפְרָא דְאַרְעָא.**

**כָּל חֲמִירָא וַחֲמִיעָא דְאִכָּא בִרְשׁוּתִי דְּלָא חֲמִתֵּה וּדְלָא בַעֲרְתֵּה לִבְטִיל וְלֶהֱוֵי כְּעַפְרָא דְאַרְעָא.**

---

[4] **בן איש חי ש"א צו י'** - אחר שגמר אכילתו ביום ארבעה עשר **ישרוף** הוא בכבודו ובעצמו את חמץ הנשאר דמצוה בו יותר משלוחו, אבל אסור לזרוק החמץ ברשות הרבים משום בזיון, וגם יש בזה חילול השם בעיני הגויים, והמנהג לשרפו בחצר בערבה של "הושענא", ועיין "חיים לראש" דף י"ב ואחר שריפתו יבטלנו מיד ויאמר **דחזיתיה ודלא חזיתיה וכו'**, ויאמר הביטול שלשה פעמים, ולא יבטלנו קודם שרפה, כדי לקיים מצות שריפה בחמץ שלו.

# אגרת רבי שמשון מאסטרופולייא

סגולה נפלאה לקרות אותה בערב פסח, העתקה מכתבי הקודש של המקובל האלוקי רבינו שמשון מאסטרופולייא זצ"ל הי"ד. [כל השמות שבצבע אדום, אסור לקרוא אותם, אלא רק להסתכל עליהם, הם שמות של טומאה ומלאכי חבלה. השמות בצבע כחול הם שמות של קדושה, וגם רק להסתכל עליהם]

סוד גדול ונורא, וכתוב שם שכל מי שמעיין הסוד הנפלא והנורא הזה על מכונו, אפילו פעם אחת בשנה, ובפרט בערב פסח, מובטח לו שינצל באותה שנה מכל מכשול וממיתה משונה, ושום אדם לא ימשול בו, וכל אויביו יפלו תחתיו, והוא על במותימו ידרוך, ובכל אשר יפנה יצליח ובכל עסקיו ירוויח, עד ביאת הגואל אמן סלה.

שָׁלוֹם לְרַבָּנֵי אֶרֶץ, גּוֹדְרֵי גָדֵר וְעוֹמְדִים בַּפֶּרֶץ, יַצִּילֵם הוי"ה מִכִּלָּיוֹן וָחֶרֶץ, כּוּלָּם קְדוֹשִׁים אֲשֶׁר הֵמָּה בָּאָרֶץ, כָּל חַד לְפוּם חוּרְפֵּיהּ מַקְשֶׁה וּמְתָרֵץ, אָמֵן סֶלָה, בְּתַכְלִית הָעִנְיָן מַה שֶּׁכָּתַב הָאֲרִ"י זַ"ל בַּקּוּנְטְרֵס שֶׁלוֹ הַנִּקְרָא פְּלָאוֹת רַבּוֹת בָּשַּׁעַר הַנִּקְרָא יְצִיאַת מִצְרַיִם, פֶּרֶק ג' דַּף מ"ב ע"א וְזֶה לְשׁוֹנוֹ:

הִנֵּה כְּבָר הוֹדַעְתִּיךָ שֶׁפַּרְעֹה נִלְקָה בְּמִצְרַיִם בְּעֶשֶׂר מַכּוֹת אֵלּוּ עַל יְדֵי שְׁלֹשָׁה אֲלָפִים וּמָאתַיִם וּשְׁמוֹנִים מַלְאֲכֵי חַבָּלָה, הַמְמֻנִּים בִּשְׁלֹשָׁה רְקִיעִים שֶׁל טֻמְאָה, הָאֶחָד נִקְרָא שר"ע וְהַשֵּׁנִי נִקְרָא תמו"ך, וְהַשְּׁלִישִׁי נִקְרָא בישה"א, נַעֲלֵיהֶם הַשַּׂר הַנִּקְרָא דלפק"ט, נַעֲלֵיהֶם וְעַל כֻּלָּם הַשַּׂר הַנִּקְרָא תק"א. בְּרֵאשִׁית חָסֵר מִן הַשְּׁלִישִׁי עֲשָׂרָה, וְחָסֵר מִן הָרְבִיעִי שִׁשָּׁה, וְחָסֵר מִן הַתְּשִׁיעִי שִׁשָּׁה כַּכָּתוּב.

וְהִנֵּה מַה שֶּׁלָּקוּ הַמִּצְרִיִּים בְּמִצְרַיִם עֶשֶׂר מַכּוֹת, וְעַל הַיָּם לָקוּ חֲמִשִּׁים מַכּוֹת, הַשֵּׁם שפ"ו שֶׁבּוֹ אָחַז דָּוִד בֶּן יִשַׁי, וְהַשֵּׁם אָמַר וְהִכָּה. וּמִצַּד הַשֵּׁם תק"ל לָקוּ הַמִּצְרִיִּים בְּמִצְרַיִם אַרְבָּעִים מַכּוֹת, וְעַל הַיָּם לָקוּ מָאתַיִם מַכּוֹת, וְהַשֵּׁם אָמַר וְהִכָּה. וּמִצַּד הַשֵּׁם אשצ"ה לָקוּ הַמִּצְרִיִּים בְּמִצְרַיִם חֲמִשִּׁים מַכּוֹת, וְעַל הַיָּם לָקוּ מָאתַיִם וַחֲמִשִּׁים מַכּוֹת, וּבְמָה שֶׁהַקָּדוֹשׁ בָּרוּךְ הוּא מַכֶּה, בּוֹ מְרַפֵּא הַגָּלוּת. מַה פָּשְׁעוּ וּמֶה חָטְאוּ, וּמָה הַמַּעַל אֲשֶׁר מָעֲלוּ אֲבוֹתֵינוּ, לִהְיוֹת בְּכוּר הַבַּרְזֶל הַזֶּה, עַד שֶׁגְּאָלָם בְּשֵׁמוֹת אֵלּוּ דע"ב צד"א כשח"ב. עַד כָּאן לְשׁוֹן הָאֲרִ"י זַ"ל.

וְהִנֵּה מוֹרַי וְרַבּוֹתַי קְדוֹשֵׁי יִשְׂרָאֵל, הַדְּבָרִים הָאֵלֶּה פְּלָאִים הֵם, סְתוּמִים וַחֲתוּמִים סָגוּר וְאֵין פּוֹרֵשׁ אוֹתָם. וּכְבָר שְׁאָלוּנִי גְּדוֹלֵי יִשְׂרָאֵל לְבָאֵר לָהֶם דִּבְרֵי הָאֲרִ"י זַ"ל וְלֹא הִגַּדְתִּי. וּמִגֹּדֶל אַהֲבַת מוֹרַי וְרַבּוֹתַי אֲגַלֶּה רָז זֶה שֶׁנִּתְגַּלָּה לִי בַּחֲלוֹם חֶזְיוֹן לַיְלָה, וְעַכְשָׁיו אֲגַלֶּה הַדָּבָר בְּרֶמֶז לִפְנֵי כְּבוֹד תּוֹרָתוֹ, וְהוּא רַחוּם יְכַפֵּר.

וְזֹאת הָעִנְיָן, מַה שֶּׁכָּתַב הָאֲרִ"י זַ"ל שֶׁפַּרְעֹה נִלְקָה בְּמִצְרַיִם עֶשֶׂר מַכּוֹת וְכוּ, כַּוָּנָתוֹ כָּךְ. כִּי אָמְרוּ בַּעֲלֵי קַבָּלָה מַעֲשִׂית, שֶׁיֵּשׁ שְׁלֹשָׁה אֲלָפִים וּמָאתַיִם וּשְׁמוֹנִים מַלְאֲכֵי חַבָּלָה הַמְמֻנִּים לְהַכּוֹת אֶת הָרְשָׁעִים וּלְהַעֲנִישָׁם בְּגֵיהִנֹּם וּלְטַהֲרָם מֵעֲוֹנוֹתֵיהֶם. וְעַל זֶה נֶאֱמַר – וּלְהַכּוֹת בְּאֶגְרֹף רֶשַׁע, כִּי אֶגְרֹ"ף, רֶמֶז שְׁלֹשָׁה אֲלָפִים מָאתַיִם וּשְׁמוֹנִים, וְעַל יָדָם נִלְקָה גַּם פַּרְעֹה הָרָשָׁע. וְאוֹמֵר אֲנִי הַכּוֹתֵב שֶׁזֶּהוּ סוֹד נִפְלָא כַּאֲשֶׁר הוּא נִכְתָּב בְּמִנְיָן וּבְמִסְפָּר: דָּם. צְפַרְדֵּעַ. כִּנִּם. עָרֹב. דֶּבֶר. שְׁחִין. בָּרָד. אַרְבֶּה. חֹשֶׁךְ. מַכַּת בְּכוֹרוֹת.

אֵלּוּ עֶשֶׂר מַכּוֹת כַּאֲשֶׁר כָּתַבְתִּי אוֹת בְּאוֹת, עוֹלִים שְׁלֹשָׁה אֲלָפִים וּמָאתַיִם וּשְׁמוֹנִים מַלְאֲכֵי חַבָּלָה, הַמְמֻנִּים לְטַהֵר אֶת הָרְשָׁעִים, וְהוּא פְּשַׁט נִפְלָא, עַיִן לֹא רָאָתָה.

וְהִנֵּה הַחֶשְׁבּוֹן מְכֻוָּן כַּאֲשֶׁר נִכְתָּב כִּנִּם חָסֵר יו"ד, גַּם עָרֹב חָסֵר וא"ו. גַּם חֹשֶׁךְ חָסֵר וא"ו. וְאָז הַחֶשְׁבּוֹן מַמָּשׁ, לֹא פָּחוֹת וְלֹא יוֹתֵר מִשְּׁלֹשָׁה אֲלָפִים וּמָאתַיִם וּשְׁמוֹנִים מַלְאֲכֵי חַבָּלָה, שֶׁמַּעֲנִישִׁין אֶת הָרְשָׁעִים. וְהַיְנוּ מַה שֶּׁכָּתַב הָאֲרִ"י זַ"ל – כַּכָּתוּב, פֵּרוּשׁ כַּכָּתוּב בְּסֵפֶר תּוֹרָה, וְלֹא כַּאֲשֶׁר כָּתוּב בַּסִּדּוּרִים וּבַעַל הַהַגָּדָה, כִּי שָׁם נִכְתְּבוּ כֻּלָּם מְלֵאִים. אֶלָּא צָרִיךְ לִהְיוֹת חָסֵר כְּמוֹ שֶׁכָּתוּב בְּסֵפֶר תּוֹרָה. וְגַם רַבִּי יְהוּדָה לֹא כָּתַב סִימָנִים כֻּלָּם רַק רָאשֵׁי תֵיבוֹת, דצ"ך עד"ש באח"ב, כְּמוֹ שֶׁכָּתַב הָרַב יִצְחָק אַבַּרְבְּנֵאל וּכְמוֹ שֶׁכָּתַבְתִּי לְעֵיל.

וְהַיְנוּ מַה שֶּׁכָּתַב הָאֲרִ"י זַ"ל – בְּרֵאשִׁית חָסֵר מִן הַשְּׁלִישִׁי עֲשָׂרָה, פֵּרוּשׁ מַכָּה שְׁלִישִׁית שֶׁהִיא כִּנִּם חָסֵר יו"ד. מִן הָרְבִיעִי שִׁשָּׁה, שֶׁהִיא מַכַּת עָרֹב, גַּם חָסֵר וָא"ו. וְחָסֵר מִן הַתְּשִׁיעִי שִׁשָּׁה, שֶׁהִיא מַכַּת חֹשֶׁךְ גַּם כֵּן חָסֵר וָא"ו. וּמַה שֶּׁאָמַר – כַּכָּתוּב, רוֹצֶה לוֹמַר שֶׁכֵּן כָּתוּב בְּסֵפֶר תּוֹרָה חָסֵר, כַּנִּזְכַּר לְעֵיל.

וְזֶהוּ סוֹד – אֵלּוּ עֶשֶׂר מַכּוֹת שֶׁהֵבִיא הַקָּדוֹשׁ בָּרוּךְ הוּא בְּמִצְרַיִם, מְכֻוָּן מַמָּשׁ שְׁלֹשָׁה אֲלָפִים וּמָאתַיִם וּשְׁמוֹנִים מַלְאֲכֵי חַבָּלָה שֶׁהִכּוּ אֶת פַּרְעֹה וְאֶת הַמִּצְרִיִּים בְּמִצְרַיִם.

הַמְמֻנִּים בְּאֵלּוּ שְׁלֹשָׁה רְקִיעִים: אֶחָד נִקְרָא שר"ע, וְאֶחָד נִקְרָא תמו"ך, וְאֶחָד נִקְרָא בישה"א. גַּם בָּזֶה יֵשׁ סוֹד גָּדוֹל וְנִפְלָא, אֵלּוּ שְׁלֹשֶׁת אֲלָפִים וּמָאתַיִם וּשְׁמוֹנִים מַחֲנוֹת שֶׁהִכּוּ אֶת פַּרְעֹה וְאֶת הַמִּצְרִיִּים בְּמִצְרַיִם כָּאָמוּר, שֶׁמְּמֻנִּים בְּאֵלּוּ שְׁלֹשָׁה רְקִיעִים שֶׁל טֻמְאָה, אָמַר לָנוּ הַכָּתוּב סוֹד נִפְלָא וְנוֹרָא, וְתִקֵּן הַמַּגִּיד כְּמוֹ שֶׁשָּׁנָה – אֵלּוּ עשר מכות שהביא, שֶׁבְּאֵלּוּ שָׁלֹשׁ תֵּיבוֹת נִרְמָזִים הַשְּׁלֹשָׁה רְקִיעִים שֶׁל טֻמְאָה, וּשְׁלֹשֶׁת אֲלָפִים וּמָאתַיִם וּשְׁמוֹנִים מַלְאֲכֵי חַבָּלָה שֶׁהִכּוּ אֶת פַּרְעֹה וְאֶת הַמִּצְרִים בְּמִצְרַיִם, כְּמִנְיַן עֶשֶׂר מַכּוֹת. דְּהַיְנוּ:

עש"ר אוֹתִיּוֹת שר"ע.

מכו"ת אוֹתִיּוֹת תמו"ך.

שהבי"א אוֹתִיּוֹת בישה"א.

רֶמֶז לְאֵלּוּ שְׁלֹשָׁה רְקִיעִים שֶׁל טֻמְאָה שֶׁבָּהֶם יֵשׁ מְמֻנִּים כְּמִנְיַן שְׁלֹשָׁה אֲלָפִים וּמָאתַיִם וּשְׁמוֹנִים מַלְאֲכֵי חַבָּלָה מַמָּשׁ, כְּמִנְיַן עֶשֶׂר מַכּוֹת, דָּם צְפַרְדֵּעַ וְכוּ', וְהֵם שֶׁהִכּוּ אֶת פַּרְעֹה וְאֶת הַמִּצְרִיִּים בְּמִצְרַיִם, כִּי מַלְאֲכֵי חַבָּלָה מְמֻנִּים לְהַכּוֹת אֶת הָרְשָׁעִים לְטַהֲרָם מֵעֲוֹנוֹתֵיהֶם כָּאָמוּר. וְעַל יָדָן הִכָּה אֶת פַּרְעֹה וְאֶת הַמִּצְרִיִּים בְּמִצְרַיִם מִנְיַן עֶשֶׂר מַכּוֹת אֵלּוּ, וְהוּא פֶּלֶא גָּדוֹל.

וּמַה שֶּׁכָּתַב הָאֲרִ"י ז"ל – וַעֲלֵיהֶם הַשַּׂר דלפק"ט, כַּוָּנָתוֹ הוּא שֶׁשֵּׁם זֶה שָׁרְשׁוֹ יוֹצֵא מִמַּזַּל הַמִּצְרִים, וְהַיְנוּ שֶׁשְּׁלֹשָׁה רְקִיעִים הֵם – עש"ר מכו"ת שהבי"א וּכְפֵרוּשׁ הַגָּאוֹן, וְנִמְשַׁךְ עַל הַמִּצְרִים שֶׁהוּא שֵׁם דלפק"ט, בָּאוֹתִיּוֹת הַקּוֹדְמוֹת לְאוֹתִיּוֹת הַמִּצְרִים, וְהַמ"ם אַחֲרוֹנָה הִיא מ"ם הָרִבּוּי וְאֵינָהּ מִן הַשֹּׁרֶשׁ, וְרָמַז לָזֶה הַמַּגִּיד בְּמַאֲמָר – אֵלּוּ עֶשֶׂר מַכּוֹת שֶׁהֵבִיא הַקָּדוֹשׁ בָּרוּךְ הוּא עַל הַמִּצְרִים בְּמִצְרַיִם, כְּלוֹמַר הָאוֹתִיּוֹת שֶׁהֵם קוֹדְמוֹת עַל אוֹתִיּוֹת הַמִּצְרִים.

וּמַה שֶּׁכָּתַב הָאֲרִ"י ז"ל – וַעֲלֵיהֶם וְעַל כֻּלָּם הַשֵּׁר הַנִּקְרָא תק"א, כַּוָּנָתוֹ כִּי רָאשֵׁי תֵיבוֹת שֶׁל אֵלּוּ עֶשֶׂר מַכּוֹת, דצ"ך עד"ש באח"ב, בְּגִימַטְרִיָּא תק"א, כְּמִנְיַן הַשַּׂר מַמָּשׁ, וּכְמִנְיַן אשר, וְזֶהוּ סוֹד כַּוָּנַת הַכָּתוּב בְּסֵדֶר בֹּא – וּלְמַעַן תְּסַפֵּר בְּאָזְנֵי בִנְךָ וּבֶן בִּנְךָ אֵת אשר הִתְעַלַּלְתִּי בְּמִצְרַיִם, אש"ר דַּיְקָא, שֶׁהוּא כְּמִסְפַּר תק"א, וְכַיּוֹצֵא בּוֹ הַרְבֵּה פְּסוּקִים אֶלֶף, שֶׁמּוֹרִים עַל זֶה לְסוֹד אש"ר, כְּמִנְיַן רָאשֵׁי תֵיבוֹת שֶׁל עֶשֶׂר מַכּוֹת כְּמוֹ שֶׁבֵּאַרְנוּ, וְיֵשׁ לָנוּ בָּזֶה סוֹדוֹת נִפְלָאִים. וּכְבוֹד אֱלֹהִ"ים הַסְתֵּר דָּבָר.

וּמַה שֶּׁכָּתַב רַבֵּנוּ הָאֲרִ"י ז"ל – הַשֵּׁם שפ"ו שֶׁבּוֹ אָחַז דָּוִד בֶּן יִשַׁי, וְהַשֵּׁם אָמַר וְהִכָּה אוֹתָם בְּמִצְרַיִם עֶשֶׂר מַכּוֹת, וְעַל הַיָּם לָקוּ חֲמִשִּׁים מַכּוֹת.

וְהַשֵּׁם תק"ל אָמַר וְהִכָּה אוֹתָם בְּמִצְרַיִם אַרְבָּעִים מַכּוֹת, וְעַל הַיָּם לָקוּ מָאתַיִם מַכּוֹת.

וְהַשֵּׁם אשצ"ה אָמַר וְהִכָּה אוֹתָם בְּמִצְרַיִם חֲמִשִּׁים מַכּוֹת, וְעַל הַיָּם לָקוּ מָאתַיִם וַחֲמִשִּׁים מַכּוֹת.

כַּוָּנָתוֹ לְסוֹד נִפְלָא וְנוֹרָא. פְּלֻגְתָּא דְּרַבִּי יוֹסֵי הַגְּלִילִי, וְרַבִּי אֱלִיעֶזֶר, וְרַבִּי עֲקִיבָא הַמֻּזְכָּר בַּהַגָּדָה. רַבִּי יוֹסֵי הַגְּלִילִי אוֹמֵר מִנַּיִן, וְרַבִּי אֱלִיעֶזֶר אוֹמֵר מִנַּיִן, וְרַבִּי עֲקִיבָא אוֹמֵר מִנַּיִן.

וְזֶהוּ שֶׁכָּתַב הָאֲרִ"י ז"ל – וְהַשֵּׁם שפ"ו אָמַר וְהִכָּה אוֹתָם בְּמִצְרַיִם עֶשֶׂר מַכּוֹת, וְעַל הַיָּם לָקוּ חֲמִשִּׁים מַכּוֹת, רֶמֶז לְרַבִּי יוֹסֵי הַגְּלִילִי. כִּי רַבִּ"י יוֹסֵ"י הַגְּלִילִ"י בְּגִימַטְרִיָּא שפ"ו, וּמַה שֶּׁכָּתַב שֶׁבּוֹ אָחַז דָּוִד בֶּן יִשַׁי, רָמַז גַּם כֵּן, דָּוִ"ד בֶּ"ן יִשַׁ"י גִּימַטְרִיָּא שֵׁם שפ"ו, שֶׁבְּאוֹתוֹ הַשֵּׁם דַּוְקָא בָּא דָּוִד בֶּן יִשַׁי. וְרָמַז גַּם כֵּן מַה שֶּׁכָּתַב בְּסֵפֶר סוֹדֵי רָזָא, שֶׁרַבִּי יוֹסֵי הַגְּלִילִי נִצּוֹץ דָּוִד בֶּן יִשַׁי.

וְזֶה הַשֵּׁם הִכָּה אוֹתָם. וּמִצַּד הַשֵּׁם תק"ל לָקוּ הַמִּצְרִים בְּמִצְרַיִם אַרְבָּעִים מַכּוֹת, וְעַל הַיָּם לָקוּ מָאתַיִם מַכּוֹת, רָמַז לְסוֹד רַבִּ"י אֱלִיעֶזֶ"ר בְּגִימַטְרִיָּא תק"ל, וְהַיְנוּ רַבִּי אֱלִיעֶזֶר אוֹמֵר, דַּוְקָא, שֶׁהוּא שֵׁם תק"ל, לָקוּ הַמִּצְרִיִּים בְּמִצְרַיִם אַרְבָּעִים מַכּוֹת, וְעַל הַיָּם לָקוּ מָאתַיִם מַכּוֹת.

וּמַה שֶּׁכָּתַב הַשֵּׁם אשצ"ה לָקוּ בְּמִצְרַיִם חֲמִשִּׁים מַכּוֹת, וְעַל הַיָּם לָקוּ מָאתַיִם וַחֲמִשִּׁים מַכּוֹת, רָמַז לְסוֹד רַבִּ"י עֲקִיבָ"א, שֶׁהוּא בְּגִימַטְרִיָּא אשצ"ה עִם הַכּוֹלֵל, שֶׁהַשֵּׁם הַזֶּה אָמַר שֶׁיֻּכּוּ הַמִּצְרִיִּים בְּמִצְרַיִם חֲמִשִּׁים מַכּוֹת, וְעַל הַיָּם לָקוּ מָאתַיִם וַחֲמִשִּׁים מַכּוֹת.

הֲרֵי מְרֻמָּזִים אֵלּוּ שְׁלֹשָׁה שֵׁמוֹת שפ"ו תק"ל אשצ"ה בְּאֵלּוּ הַשְּׁלֹשָׁה תַּנָּאִים.

רַבִּי יוֹסֵי הַגְּלִילִי בְּגִימַטְרִיָּא שפ"ו, רַבִּ"י אֱלִיעֶזֶ"ר בְּגִימַטְרִיָּא תק"ל, רַבִּ"י עֲקִיבָ"א בְּגִימַטְרִיָּא אשצ"ה, וְהוּא סוֹד נִפְלָא וְנוֹרָא. רָזָא דְרָזִין. סִתְרָא דְסִתְרִין. הַיְנוּ כַּאֲשֶׁר כָּתַבְתִּי לְמַעְלַת כְּבוֹד תּוֹרָתוֹ, וְהוּא רַחוּם יְכַפֵּר עָוֹן.

וּמַה שֶּׁכָּתַב רַבֵּנוּ הָאֲרִ"י זַ"ל – בְּמַה שֶּׁהַקָּדוֹשׁ בָּרוּךְ הוּא מַכֶּה, בּוֹ מְרַפֵּא הַגָּלוּת, מַה פָּשְׁעוּ מֶה חָטְאוּ אֲבוֹתֵינוּ וְכוּ, כַּוָּנָתוֹ בְּאֵלּוּ עֶשֶׂר מַכּוֹת שֶׁהֵם דצ"ך עד"ש באח"ב, נִרְמָזִים בְּאֵלּוּ אוֹתִיּוֹת סוֹד וְטַעַם יְרִידַת אֲבוֹתֵינוּ לְמִצְרַיִם, כְּמוֹ שֶׁכָּתַבְתִּי לְמַעְלַת כְּבוֹד תּוֹרָתוֹ. וְהִנֵּה בְּאֵלּוּ הַמַּכּוֹת הִכָּה אוֹתָם, וַיְרַפֵּא אוֹתָנוּ הַקָּדוֹשׁ בָּרוּךְ הוּא, וְהִכָּה בָּהֶם מַכָּה רַבָּה אֶצְבַּע אֱלֹהִ"ים הִיא, וּמִן הַמַּכָּה עַצְמָהּ בָּאָה רְפוּאָה לְיִשְׂרָאֵל, שֶׁגְּאָלָם הַקָּדוֹשׁ בָּרוּךְ הוּא, וּכְמוֹ שֶׁכָּתַבְתִּי.

וּמַה שֶּׁכָּתַב – מַה פָּשְׁעוּ וְכוּ', רוֹצֶה לוֹמַר בְּאֵלּוּ הַמַּכּוֹת נִרְמַז הַחֵטְא שֶׁל אֲבוֹתֵינוּ שֶׁגָּרַם יְרִידַת מִצְרַיִם. וְיֵשׁ לָנוּ סוֹד נִפְלָא וְנוֹרָא לְתָרֵץ קֻשְׁיָא זוֹ מַה שֶּׁהִקְשׁוּ מַעְלַת כְּבוֹד תּוֹרָתָם עָלַי, אֲבָל גַּם זֶה נִיחָא כַּאֲשֶׁר כָּתַבְתִּי לְמַעְלָתָם, נִפְלָאוֹת מִתּוֹרָתוֹ הַקְּדוֹשָׁה וְהַטְּהוֹרָה.

וּמַה שֶּׁכָּתַב הָאֲרִ"י זַ"ל – שֶׁהַקָּדוֹשׁ בָּרוּךְ הוּא גָּאַל אוֹתָנוּ בְּשֵׁמוֹת אֵלּוּ דע"ב צד"א כשח"ב, כַּוָּנָתוֹ כִּי הָאוֹתִיּוֹת רִאשׁוֹנוֹת שֶׁל דצ"ך עד"ש באח"ב הֵם דע"ב, וְהָאוֹתִיּוֹת שְׁנִיּוֹת הֵם צד"א, וְהָאוֹתִיּוֹת הָאַחֲרוֹנוֹת הֵם כשח"ב, וְנִרְמָזִים בְּאֵלּוּ הַשְּׁלֹשָׁה שְׁמוֹת הָרְפוּאָה שֶׁרִפָּא הַקָּדוֹשׁ בָּרוּךְ הוּא לְיִשְׂרָאֵל, שֶׁגָּאַל אוֹתָנוּ בָּהֶם, הֲרֵי בְּאוֹתָן הַמַּכּוֹת שֶׁהֻכּוּ בָּהֶם הַמִּצְרִיִּים, נִרְמָזִים הַגְּאֻלָּה וְהָרְפוּאָה לְיִשְׂרָאֵל.

הגדה של פסח – שמחות חיים

וִיהֵא רַעֲוָא לִפְנֵי הַקָּדוֹשׁ בָּרוּךְ הוּא שֶׁיַּרְאֵנוּ בִּיאַת מְשִׁיחֵנוּ בִּמְהֵרָה בְיָמֵינוּ, עִם הַמַּלְאָכִים הַשַּׁיָּכִים לַגְּאֻלָּה, וִיקֻיַּם בָּנוּ מִקְרָא שֶׁכָּתוּב – כִּימֵי צֵאתְךָ מֵאֶרֶץ מִצְרָיִם אַרְאֶנּוּ נִפְלָאוֹת, אָמֵן נֶצַח סֶלָה.

# סדר מ"ב מסעות

כתבו המקובלים ז"ל, כדי האדם ממקרים רעים, ובפרט מחולי המגפה, יועיל מאוד באמירת המסעות, ולכן נוהגין בערב פסח ללמוד קריאה זאת, והם רומזים לשם מ"ב.

רַעְמְסֵס[א], סֻכּוֹת[ב], אֵתָם[ג], פִּי הַחִירֹת[י], מָרָה[ת], אֵילִמָה[צ]:

יַם סוּף[ק], מִדְבַּר סִין[ר], דָּפְקָה[ע], אָלוּשׁ[ש], רְפִידִם[ט]. מִדְבַּר סִינַי[ן]:

קִבְרֹת הַתַּאֲוָה[נ], חֲצֵרֹת[ג], רִתְמָה[ד], רִמֹּן פָּרֶץ[י], לִבְנָה[כ], רִסָּה[ש]:

קְהֵלָתָה[ב], הַר שָׁפֶר[ט], חֲרָדָה[ר], מַקְהֵלֹת[צ], תָּחַת[ת], תָּרַח[ג]:

מִתְקָה[ח], חַשְׁמֹנָה[ק], מֹסֵרוֹת[ב], בְּנֵי יַעֲקָן[ט], חֹר הַגִּדְגָּד[נ], יָטְבָתָה[ע]:

עַבְרֹנָה[י], עֶצְיֹן גָּבֶר[ג], קָדֵשׁ[ל], הֹר הָהָר[פ], צַלְמֹנָה[ז], פּוּנֹן[ק]:

אֹבֹת[ש], עִיֵּי הָעֲבָרִים[ק], דִּיבֹן גָּד[ו], עַלְמֹן דִּבְלָתָיְמָה[צ], הָרֵי הָעֲבָרִים[י], עַרְבוֹת מוֹאָב[ת]:

כַּד נְטָלוּ יִשְׂרָאֵל מֵרַעְמְסֵס[א]. לָא יָדְעוּן אִי יִנְטְלוּן לְסֻכּוֹת אוֹ לִקְהֵלָתָה אוֹ לְמֹסֵרוֹת. וּפָקִיד מַדְבְּרָנָא דְעַמֵּהּ דְּיִנְטְלוּן לְסֻכֹּת[ב]. מִסֻּכֹּת לָא יָדְעוּן אִי יִנְטְלוּן לְאֵתָם אוֹ לַחֲצֵרֹת אוֹ לְתָרַח אוֹ לְעֶצְיֹן גָּבֶר. וּפָקִיד מַדְבְּרָנָא דְעַמֵּהּ דְּיִנְטְלוּן לְאֵתָם[ג]. מֵאֵתָם לָא יָדְעוּן אִי יִנְטְלוּן לְפִי הַחִירֹת אוֹ לְרִמֹּן פָּרֶץ אוֹ לְעַבְרֹנָה אוֹ לְהָרֵי הָעֲבָרִים. וּפָקִיד מַדְבְּרָנָא דְעַמֵּהּ דְּיִנְטְלוּן לְפִי הַחִירֹת[י]. מִפִּי הַחִירֹת לָא יָדְעוּן אִי יִנְטְלוּן לְמָרָה אוֹ לְתָחַת אוֹ לְעַרְבֹת מוֹאָב. וּפָקִיד מַדְבְּרָנָא דְעַמֵּהּ דְּיִנְטְלוּן לְמָרָה[ת]. מִמָּרָה לָא יָדְעוּן אִי יִנְטְלוּן לְאֵילִם אוֹ לְעַלְמֹן דִּבְלָתָיְמָה. וּפָקִיד מַדְבְּרָנָא דְעַמֵּהּ דְּיִנְטְלוּן לְאֵילִם[צ]:

מֵאֵילִם לָא יָדְעוּן אִי יִנְטְלוּן לְיַם סוּף אוֹ לְחַשְׁמֹנָה אוֹ לְפוּנֹן אוֹ לְעִיֵּי הָעֲבָרִים. וּפָקִיד מַדְבְּרָנָא דְעַמֵּהּ דְּיִנְטְלוּן לְיַם סוּף[ק]. מִיַּם סוּף לָא יָדְעוּן אִי יִנְטְלוּן לְמִדְבַּר סִין אוֹ לַחֲרָדָה. וּפָקִיד מַדְבְּרָנָא דְעַמֵּהּ דְּיִנְטְלוּן לְמִדְבַּר סִין[ר]. מִמִּדְבַּר סִין לָא יָדְעוּן אִי יִנְטְלוּן לְדָפְקָה אוֹ לְיָטְבָתָה. וּפָקִיד מַדְבְּרָנָא דְעַמֵּהּ דְּיִנְטְלוּן לְדָפְקָה[ע]. מִדָּפְקָה לָא יָדְעוּן אִי יִנְטְלוּן לְאָלוּשׁ אוֹ לְרִסָּה אוֹ לְאֹבֹת. וּפָקִיד מַדְבְּרָנָא דְעַמֵּהּ דְּיִנְטְלוּן לְאָלוּשׁ[ש]. מֵאָלוּשׁ לָא יָדְעוּן אִי יִנְטְלוּן לִרְפִידִם אוֹ לְהַר שָׁפֶר אוֹ לִבְנֵי יַעֲקָן. וּפָקִיד מַדְבְּרָנָא דְעַמֵּהּ

דִּינְטְלוּן לִרְפִידִם[ט]. מֵרְפִידִם לָא יָדְעוּן אִי יִנְטְלוּן לְמִדְבַּר סִינַי אוֹ לְקִבְרֹת הַתַּאֲוָה אוֹ לְחֹר הַגִּדְגָּד. וּפְקִיד מַדִּבְרָנָא דְּעַמֵּהּ דִּינְטְלוּן לְמִדְבַּר סִינַי[י]:

מִמִּדְבַּר סִינַי לָא יָדְעוּן אִי יִנְטְלוּן לְקִבְרֹת הַתַּאֲוָה אוֹ לְחֹר הַגִּדְגָּד. וּפְקִיד מַדִּבְרָנָא דְּעַמֵּהּ דִּינְטְלוּן לְקִבְרֹת הַתַּאֲוָה[ג]. מִקִּבְרֹת הַתַּאֲוָה לָא יָדְעוּן אִי יִנְטְלוּן לַחֲצֵרֹת אוֹ לְתָרַח אוֹ לְעֶצְיֹן גָּבֶר. וּפְקִיד מַדִּבְרָנָא דְּעַמֵּהּ דִּינְטְלוּן לַחֲצֵרֹת[ג]. מֵחֲצֵרֹת נְטָלוּ לְרִתְמָה[ד]. מֵרִתְמָה לָא יָדְעוּן אִי יִנְטְלוּן לְרִמֹּן פָּרֶץ אוֹ לְעַבְרֹנָה אוֹ לְהָרֵי הָעֲבָרִים. וּפְקִיד מַדִּבְרָנָא דְּעַמֵּהּ דִּינְטְלוּן לְרִמֹּן פָּרֶץ[ו]. מֵרִמֹּן פָּרֶץ נְטָלוּ לְלִבְנָה[כ]. מִלִּבְנָה לָא יָדְעוּן אִי יִנְטְלוּן לְרִסָּה אוֹ לְאֹבֹת. וּפְקִיד מַדִּבְרָנָא דְּעַמֵּהּ דִּינְטְלוּן לְרִסָּה[ש]:

מֵרִסָּה לָא יָדְעוּן אִי יִנְטְלוּן לִקְהֵלָתָה אוֹ לְמֹסֵרוֹת. וּפְקִיד מַדִּבְרָנָא דְּעַמֵּהּ דִּינְטְלוּן לִקְהֵלָתָה[ב]. מִקְּהֵלָתָה לָא יָדְעוּן אִי יִנְטְלוּן לְהַר שֶׁפֶר אוֹ לִבְנֵי יַעֲקָן. וּפְקִיד מַדִּבְרָנָא דְּעַמֵּהּ דִּינְטְלוּן לְהַר שָׁפֶר[ט]. מֵהַר שֶׁפֶר נְטָלוּ לַחֲרָדָה[ך]. מֵחֲרָדָה לָא יָדְעוּן אִי יִנְטְלוּן לְמַקְהֵלֹת אוֹ לְעַלְמֹן דִּבְלָתָיְמָה. וּפְקִיד מַדִּבְרָנָא דְּעַמֵּהּ דִּינְטְלוּן לְמַקְהֵלֹת[צ]. מִמַּקְהֵלֹת לָא יָדְעוּן אִי יִנְטְלוּן לְתָחַת אוֹ לְעַרְבֹת מוֹאָב. וּפְקִיד מַדִּבְרָנָא דְּעַמֵּהּ דִּינְטְלוּן לְתָחַת[ת]. מִתָּחַת לָא יָדְעוּן אִי יִנְטְלוּן לְתָרַח אוֹ לְעֶצְיֹן גָּבֶר. וּפְקִיד מַדִּבְרָנָא דְּעַמֵּהּ דִּינְטְלוּן לְתָרַח[ג]:

מִתָּרַח נְטָלוּ לְמִתְקָה[ה]. מִמִּתְקָה לָא יָדְעוּן אִי יִנְטְלוּן לְחַשְׁמֹנָה אוֹ לְפוּנֹן אוֹ לְעִיֵּי הָעֲבָרִים. וּפְקִיד מַדִּבְרָנָא דְּעַמֵּהּ דִּינְטְלוּן לְחַשְׁמֹנָה[ק]. מֵחַשְׁמֹנָה נְטָלוּ לְמֹסֵרוֹת[ב]. מִמֹּסֵרוֹת נְטָלוּ לִבְנֵי יַעֲקָן[ט]. מִבְּנֵי יַעֲקָן נְטָלוּ לְחֹר הַגִּדְגָּד[ג]. מֵחֹר הַגִּדְגָּד נְטָלוּ לְיָטְבָתָה[ע]:

מִיָּטְבָתָה לָא יָדְעוּן אִי יִנְטְלוּן לְעַבְרֹנָה אוֹ לְהָרֵי הָעֲבָרִים. וּפְקִיד מַדִּבְרָנָא דְּעַמֵּהּ דִּינְטְלוּן לְעַבְרֹנָה[ו]. מֵעַבְרֹנָה נְטָלוּ לְעֶצְיֹן גָּבֶר[ג]. מֵעֶצְיֹן גָּבֶר נְטָלוּ לְקָדֵשׁ[ל]. מִקָּדֵשׁ נְטָלוּ לְהֹר הָהָר[פ]. מֵהֹר הָהָר נְטָלוּ לְצַלְמֹנָה[ז]. מִצַּלְמֹנָה לָא יָדְעוּן אִי יִנְטְלוּן לְפוּנֹן אוֹ לְעִיֵּי הָעֲבָרִים. וּפְקִיד מַדִּבְרָנָא דְּעַמֵּהּ דִּינְטְלוּן לְפוּנֹן[ק]:

מִפּוּנֹן נְטָלוּ לְאֹבֹת[ש]. מֵאֹבֹת נְטָלוּ לְעִיֵּי הָעֲבָרִים[ק]. מֵעִיֵּי הָעֲבָרִים נְטָלוּ לְדִיבֹן גָּד[ו]. מִדִּיבֹן גָּד נְטָלוּ לְעַלְמֹן דִּבְלָתָיְמָה[צ]. מֵעַלְמֹן דִּבְלָתָיְמָה נְטָלוּ לְהָרֵי הָעֲבָרִים[ו]. וּמֵהָרֵי הָעֲבָרִים נְטָלוּ לְעַרְבֹת מוֹאָב[ת]:

בָּרוּךְ שֵׁם כְּבוֹד מַלְכוּתוֹ לְעוֹלָם וָעֶד:

# סדר קורבן פסח

**בִּזְמַן** שֶׁבֵּית הַמִּקְדָּשׁ קַיָּם הָיָה הַפֶּסַח נִשְׁחָט בְּי"ד בְּנִיסָן אַחַר תָּמִיד שֶׁל בֵּין הָעַרְבַּיִם. וְעַל כֵּן כְּדֵי שֶׁיְּשַׁלְּמוּ פָרִים שְׂפָתֵינוּ רָאוּי לְכָל הַיָּרֵא וְחָרֵד עַל דְּבַר ה' לַעֲסֹק בְּסֵדֶר קָרְבַּן פֶּסַח בִּזְמַנּוֹ אַחַר תְּפִלַּת מִנְחָה שֶׁהִיא נֶגֶד תָּמִיד שֶׁל בֵּין הָעַרְבַּיִם. וְיַעֲלֶה לוֹ כְּאִלּוּ הִקְרִיב קָרְבַּן פֶּסַח בְּמוֹעֲדוֹ וְיִתְפַּלֵּל לִפְנֵי ה' בּוֹרֵא עוֹלָם שֶׁיִּבָּנֶה בֵּית הַמִּקְדָּשׁ בִּמְהֵרָה בְיָמֵינוּ:

**רִבּוֹן** הָעוֹלָמִים אַתָּה צִוִּיתָנוּ לְהַקְרִיב קָרְבַּן הַפֶּסַח בְּמוֹעֲדוֹ, בְּאַרְבָּעָה-עָשָׂר לַחֹדֶשׁ הָרִאשׁוֹן, וְלִהְיוֹת כֹּהֲנִים בַּעֲבוֹדָתָם וּלְוִיִּם בְּדוּכָנָם וְיִשְׂרָאֵל בְּמַעֲמָדָם קוֹרְאִים אֶת הַהַלֵּל. וְעַתָּה בַּעֲוֹנוֹתֵינוּ חָרַב בֵּית הַמִּקְדָּשׁ וּבָטֵל קָרְבַּן הַפֶּסַח. וְאֵין לָנוּ לֹא כֹהֵן בַּעֲבוֹדָתוֹ וְלֹא לֵוִי בְּדוּכָנוֹ וְלֹא יִשְׂרָאֵל בְּמַעֲמָדוֹ, וּנְשַׁלְּמָה פָרִים שְׂפָתֵינוּ. לָכֵן יְהִי רָצוֹן מִלְּפָנֶיךָ יְהֹוָה אֱלֹהֵינוּ וֵאלֹהֵי אֲבוֹתֵינוּ, שֶׁיִּהְיֶה שִׂיחַ שִׂפְתוֹתֵינוּ חָשׁוּב לְפָנֶיךָ כְּאִלּוּ הִקְרַבְנוּ אֶת הַפֶּסַח בְּמוֹעֲדוֹ וְעָמַדְנוּ עַל מַעֲמָדוֹ וְדִבְּרוּ הַלְוִיִּם בְּשִׁיר וְהַלֵּל לְהוֹדוֹת לַיְיָ. וְאַתָּה תְּכוֹנֵן מִקְדָּשְׁךָ עַל מְכוֹנוֹ, וְנַעֲלֶה וְנַקְרִיב לְפָנֶיךָ אֶת הַפֶּסַח בְּמוֹעֲדוֹ כְּמוֹ שֶׁכָּתַבְתָּ עָלֵינוּ בְּתוֹרָתֶךָ עַל יְדֵי מֹשֶׁה עַבְדֶּךָ כָּאָמוּר:

**וַיְדַבֵּר** יְהֹוָה אֶל מֹשֶׁה לֵּאמֹר: צַו אֶת בְּנֵי יִשְׂרָאֵל וְאָמַרְתָּ אֲלֵהֶם אֶת קָרְבָּנִי לַחְמִי לְאִשַּׁי רֵיחַ נִיחֹחִי תִּשְׁמְרוּ לְהַקְרִיב לִי בְּמוֹעֲדוֹ: וְאָמַרְתָּ לָהֶם זֶה הָאִשֶּׁה אֲשֶׁר תַּקְרִיבוּ לַיהֹוָה כְּבָשִׂים בְּנֵי שָׁנָה תְמִימִם שְׁנַיִם לַיּוֹם עֹלָה תָמִיד: אֶת הַכֶּבֶשׂ אֶחָד תַּעֲשֶׂה בַבֹּקֶר וְאֵת הַכֶּבֶשׂ הַשֵּׁנִי תַּעֲשֶׂה בֵּין הָעַרְבָּיִם: וַעֲשִׂירִית הָאֵיפָה סֹלֶת לְמִנְחָה בְּלוּלָה בְּשֶׁמֶן כָּתִית רְבִיעִת הַהִין: [יכוין בשם תול"ע] עֹלַת תָּמִיד הָעֲשֻׂיָה בְּהַר סִינַי לְרֵיחַ נִיחֹחַ אִשֶּׁה לַיהֹוָה: וְנִסְכּוֹ רְבִיעִת הַהִין לַכֶּבֶשׂ הָאֶחָד בַּקֹּדֶשׁ הַסֵּךְ נֶסֶךְ שֵׁכָר לַיהֹוָה: וְאֵת הַכֶּבֶשׂ הַשֵּׁנִי תַּעֲשֶׂה בֵּין הָעַרְבָּיִם כְּמִנְחַת הַבֹּקֶר וּכְנִסְכּוֹ תַּעֲשֶׂה אִשֵּׁה רֵיחַ נִיחֹחַ לַיהֹוָה:

**דַּבְּרוּ** אֶל כָּל עֲדַת יִשְׂרָאֵל לֵאמֹר בֶּעָשׂוֹר לַחֹדֶשׁ הַזֶּה וְיִקְחוּ לָהֶם אִישׁ שֶׂה לְבֵית אָבֹת שֶׂה לַבָּיִת: וְאִם יִמְעַט הַבַּיִת מִהְיוֹת מִשֶּׂה וְלָקַח הוּא וּשְׁכֵנוֹ הַקָּרֹב אֶל בֵּיתוֹ בְּמִכְסַת נְפָשֹׁת אִישׁ לְפִי אָכְלוֹ תָּכֹסּוּ עַל הַשֶּׂה: שֶׂה תָמִים זָכָר בֶּן שָׁנָה יִהְיֶה לָכֶם מִן הַכְּבָשִׂים וּמִן הָעִזִּים תִּקָּחוּ: וְהָיָה לָכֶם לְמִשְׁמֶרֶת עַד אַרְבָּעָה עָשָׂר יוֹם לַחֹדֶשׁ הַזֶּה וְשָׁחֲטוּ אֹתוֹ כֹּל קְהַל עֲדַת יִשְׂרָאֵל בֵּין הָעַרְבָּיִם: וְלָקְחוּ מִן הַדָּם וְנָתְנוּ עַל שְׁתֵּי הַמְּזוּזֹת וְעַל הַמַּשְׁקוֹף עַל הַבָּתִּים אֲשֶׁר יֹאכְלוּ אֹתוֹ בָּהֶם: וְאָכְלוּ אֶת הַבָּשָׂר בַּלַּיְלָה הַזֶּה צְלִי אֵשׁ וּמַצּוֹת עַל מְרֹרִים יֹאכְלֻהוּ: אַל תֹּאכְלוּ מִמֶּנּוּ נָא וּבָשֵׁל מְבֻשָּׁל בַּמָּיִם כִּי אִם צְלִי אֵשׁ רֹאשׁוֹ עַל כְּרָעָיו וְעַל קִרְבּוֹ: וְלֹא תוֹתִירוּ מִמֶּנּוּ עַד בֹּקֶר וְהַנֹּתָר מִמֶּנּוּ עַד בֹּקֶר בָּאֵשׁ תִּשְׂרֹפוּ: וְכָכָה תֹּאכְלוּ אֹתוֹ מָתְנֵיכֶם חֲגֻרִים נַעֲלֵיכֶם בְּרַגְלֵיכֶם וּמַקֶּלְכֶם בְּיֶדְכֶם וַאֲכַלְתֶּם אֹתוֹ בְּחִפָּזוֹן פֶּסַח הוּא לַיהֹוָה:

כָּךְ הָיְתָה עֲבוֹדַת קָרְבַּן פֶּסַח בְּאַרְבָּעָה עָשָׂר בְּנִיסָן. אֵין שׁוֹחֲטִין אוֹתוֹ אֶלָּא אַחַר תָּמִיד שֶׁל בֵּין הָעַרְבַּיִם, עֶרֶב פֶּסַח בֵּין בְּחֹל בֵּין בְּשַׁבָּת הָיָה הַתָּמִיד נִשְׁחָט בְּשֶׁבַע וּמֶחֱצָה

וְקָרֵב בִּשְׁמוֹנֶה וּמֶחֱצָה. וְאִם חָל עֶרֶב פֶּסַח לִהְיוֹת עֶרֶב שַׁבָּת, הָיוּ שׁוֹחֲטִין אוֹתוֹ בְּשֵׁשׁ וּמֶחֱצָה וְקָרֵב בְּשֶׁבַע וּמֶחֱצָה, וְהַפֶּסַח אַחֲרָיו: כָּל אָדָם מִיִּשְׂרָאֵל אֶחָד הָאִישׁ וְאֶחָד הָאִשָּׁה, כָּל שֶׁיּוּכַל לְהַגִּיעַ לִירוּשָׁלַיִם בִּשְׁעַת שְׁחִיטַת הַפֶּסַח, חַיָּב בְּקָרְבַּן פֶּסַח. מְבִיאוֹ מִן הַכְּבָשִׂים אוֹ מִן הָעִזִּים. זָכָר תָּמִים בֶּן שָׁנָה. וְשׁוֹחֲטוֹ בְּכָל מָקוֹם בָּעֲזָרָה, אַחַר גְּמַר עֲבוֹדַת תָּמִיד הָעֶרֶב וְאַחַר הֲטָבַת הַנֵּרוֹת. וְאֵין שׁוֹחֲטִין הַפֶּסַח וְלֹא זוֹרְקִין הַדָּם וְלֹא מַקְטִירִין הַחֵלֶב עַל הֶחָמֵץ: שָׁחַט הַשּׁוֹחֵט וְקִבֵּל דָּמוֹ כֹּהֵן שֶׁבְּרֹאשׁ הַשּׁוּרָה בִּכְלִי שָׁרֵת וְנוֹתֵן לַחֲבֵרוֹ וַחֲבֵרוֹ לַחֲבֵרוֹ, כֹּהֵן הַקָּרוֹב אֵצֶל הַמִּזְבֵּחַ זוֹרְקוֹ זְרִיקָה אַחַת כְּנֶגֶד הַיְסוֹד. וְחוֹזֵר הַכְּלִי רֵיקָן לַחֲבֵרוֹ וַחֲבֵרוֹ לַחֲבֵרוֹ מְקַבֵּל אֶת הַמָּלֵא וּמַחֲזִיר אֶת הָרֵיקָן. וְהָיוּ הַכֹּהֲנִים עוֹמְדִים שׁוּרוֹת וּבִידֵיהֶם בָּזִיכִין שֶׁכֻּלָּן כֶּסֶף אוֹ זָהָב, וְלֹא הָיוּ מְעֹרָבִים, וְלֹא הָיוּ לַבָּזִיכִין שׁוּלַיִם שֶׁלֹּא יַנִּיחוּם וְיִקְרַשׁ הַדָּם:

אַחַר כָּךְ תּוֹלִין הַבְּעָלִים אֶת הַפֶּסַח בְּאוּנְקְלִיּוֹת, וּמַפְשִׁיט אוֹתוֹ כֻּלּוֹ וְקוֹרְעִין בִּטְנוֹ וּמוֹצִיאִים אֵמוּרִין. הַחֵלֶב שֶׁעַל הַקֶּרֶב וְיוֹתֶרֶת הַכָּבֵד וּשְׁתֵּי הַכְּלָיוֹת וְהַחֵלֶב שֶׁעֲלֵיהֶן וְהָאַלְיָה לְעֻמַּת הֶעָצֶה, נוֹתְנָן בִּכְלִי שָׁרֵת וּמוֹלְחָן וּמַקְטִירָן הַכֹּהֵן עַל הַמַּעֲרָכָה חֶלְבֵי כָּל זֶבַח וָזֶבַח לְבַדּוֹ, בְּחֹל בַּיּוֹם וְלֹא בַּלַּיְלָה שֶׁהוּא יוֹם טוֹב. אֲבָל אִם חָל עֶרֶב פֶּסַח בְּשַׁבָּת מַקְטִירִין וְהוֹלְכִין כָּל הַלַּיְלָה וּמוֹצִיא קְרָבָיו וּמְמַחֶה אוֹתָן עַד שֶׁמֵּסִיר מֵהֶן הַפֶּרֶשׁ. שְׁחִיטָתוֹ וּזְרִיקַת דָּמוֹ וּמִחוּי קְרָבָיו וְהֶקְטֵר חֲלָבָיו דּוֹחִין אֶת הַשַּׁבָּת, וּשְׁאָר עִנְיָנָיו אֵין דּוֹחִין:

בְּשָׁלֹשׁ כִּתּוֹת הַפֶּסַח נִשְׁחָט, וְאֵין כַּת פְּחוּתָה מִשְּׁלוֹשִׁים אֲנָשִׁים. נִכְנְסָה כַּת אַחַת נִתְמַלְּאָה הָעֲזָרָה נוֹעֲלִין אוֹתָהּ. וּבְעוֹד שֶׁהֵן שׁוֹחֲטִין וּמַקְרִיבִין וְכֹהֲנִים תּוֹקְעִין, הֶחָלִיל מַכֶּה לִפְנֵי הַמִּזְבֵּחַ. הַלְוִיִּם קוֹרִין אֶת הַהַלֵּל. אִם גָּמְרוּ קֹדֶם שֶׁיַּקְרִיבוּ כֻּלָּם, שָׁנוּ. אִם שָׁנוּ, שִׁלְּשׁוּ. עַל כָּל קְרִיאָה תָּקְעוּ וְהֵרִיעוּ וְתָקְעוּ. גָּמְרָה כַּת אַחַת לְהַקְרִיב, פּוֹתְחִין הָעֲזָרָה, יָצְאָה כַּת רִאשׁוֹנָה נִכְנְסָה כַּת שְׁנִיָּה. נָעֲלוּ דַּלְתוֹת הָעֲזָרָה. גָּמְרָה. יָצְאָה שְׁנִיָּה נִכְנְסָה שְׁלִישִׁית. כְּמַעֲשֵׂה הָרִאשׁוֹנָה כָּךְ מַעֲשֵׂה הַשְּׁנִיָּה וְהַשְּׁלִישִׁית:

אַחַר שֶׁיָּצְאוּ כֻּלָּם, רוֹחֲצִין הָעֲזָרָה מִלִּכְלוּכֵי הַדָּם וַאֲפִלּוּ בְּשַׁבָּת. אַמַּת הַמַּיִם הָיְתָה עוֹבֶרֶת בָּעֲזָרָה, כְּשֶׁרוֹצִין לְהָדִיחַ הָרִצְפָּה סוֹתְמִין מְקוֹם יְצִיאַת הַמַּיִם וְהִיא מִתְמַלְּאָה עַל כָּל גְּדוֹתֶיהָ, עַד שֶׁהַמַּיִם עוֹלִין וְצָפִין וּמְקַבְּצִין אֲלֵיהֶם כָּל דָּם וְלִכְלוּךְ שֶׁבָּעֲזָרָה. אַחַר כָּךְ פּוֹתְחִין הַסְּתִימָה וְיוֹצְאִין הַמַּיִם עִם הַלִּכְלוּךְ. נִמְצֵאת הָרִצְפָּה מְנֻקָּה, זֶהוּ כְּבוֹד הַבַּיִת: יָצְאוּ כָּל אֶחָד עִם פִּסְחוֹ וְצָלוּ אוֹתָם. כֵּיצַד צוֹלִין אוֹתוֹ? מְבִיאִין שַׁפּוּד שֶׁל רִמּוֹן, תּוֹחֲבוֹ מִתּוֹךְ פִּיו עַד בֵּית נְקוּבָתוֹ, וְתוֹלֵהוּ לְתוֹךְ הַתַּנּוּר וְהָאֵשׁ לְמַטָּה, וְתוֹלֶה כְּרָעָיו וּבְנֵי מֵעָיו חוּצָה לוֹ. וְאֵין מְנַקְּרִין אֶת הַפֶּסַח כִּשְׁאָר בָּשָׂר:

בְּשַׁבָּת אֵינָן מוֹלִיכִין אֶת הַפֶּסַח לְבֵיתָם, אֶלָּא כַּת רִאשׁוֹנָה יוֹצְאִין בְּפִסְחֵיהֶם וְיוֹשְׁבִין בְּהַר הַבַּיִת. הַשְּׁנִיָּה יוֹצְאִין עִם פִּסְחֵיהֶן וְיוֹשְׁבִין בַּחֵיל. הַשְּׁלִישִׁית בִּמְקוֹמָהּ עוֹמֶדֶת. חָשְׁכָה, יָצְאוּ וְצָלוּ אֶת פִּסְחֵיהֶן: כְּשֶׁמַּקְרִיבִין אֶת הַפֶּסַח בָּרִאשׁוֹן מַקְרִיבִין עִמּוֹ בְּיוֹם אַרְבָּעָה עָשָׂר זֶבַח שְׁלָמִים מִן הַבָּקָר אוֹ מִן הַצֹּאן גְּדוֹלִים אוֹ קְטַנִּים זְכָרִים אוֹ נְקֵבוֹת. וְהִיא נִקְרֵאת חֲגִיגַת אַרְבָּעָה-עָשָׂר. עַל זֶה נֶאֱמַר בַּתּוֹרָה וְזָבַחְתָּ פֶּסַח לַיהוָה אֱלֹהֶיךָ

צֹאן וּבָקָר. וְלֹא קְבָעָהּ הַכָּתוּב חוֹבָה אֶלָּא רְשׁוּת בִּלְבָד. מִכָּל מָקוֹם הִיא כְּחוֹבָה מִדִּבְרֵי סוֹפְרִים כְּדֵי שֶׁיְּהֵא הַפֶּסַח נֶאֱכָל עַל הַשֹּׂבַע:

אֵימָתַי מְבִיאִין עִמּוֹ חֲגִיגָה? בִּזְמַן שֶׁהוּא בָּא בְּחֹל, בְּטָהֳרָה, וּבְמוּעָט, וְנֶאֱכֶלֶת לִשְׁנֵי יָמִים וְלַיְלָה אֶחָד. וְדִינָהּ כְּכָל תּוֹרַת זִבְחֵי הַשְּׁלָמִים, טְעוּנָה סְמִיכָה וּנְסָכִים וּמַתַּן דָּמִים שְׁתַּיִם שֶׁהֵן אַרְבַּע וּשְׁפִיכַת שִׁירַיִם לַיְסוֹד: זֶהוּ סֵדֶר עֲבוֹדַת קָרְבַּן פֶּסַח וַחֲגִיגָה שֶׁעִמּוֹ, בְּבֵית אֱלֹהֵינוּ שֶׁיִּבָּנֶה בִּמְהֵרָה בְיָמֵינוּ אָמֵן:

אַשְׁרֵי הָעָם שֶׁכָּכָה לּוֹ אַשְׁרֵי הָעָם שֶׁיְהֹוָה אֱלֹהָיו: אֱלֹהֵינוּ וֵאלֹהֵי אֲבוֹתֵינוּ, מֶלֶךְ רַחֲמָן רַחֵם עָלֵינוּ, טוֹב וּמֵיטִיב הִדָּרֶשׁ לָנוּ. שׁוּבָה אֵלֵינוּ בַּהֲמוֹן רַחֲמֶיךָ בִּגְלַל אָבוֹת שֶׁעָשׂוּ רְצוֹנֶךָ. בְּנֵה בֵיתְךָ כְּבַתְּחִלָּה וְכוֹנֵן מִקְדָּשְׁךָ עַל מְכוֹנוֹ. וְהַרְאֵנוּ בְּבִנְיָנוֹ וְשַׂמְּחֵנוּ בְּתִקּוּנוֹ. וְהָשֵׁב כֹּהֲנִים לַעֲבוֹדָתָם וּלְוִיִּם לְשִׁירָם וּלְזִמְרָם וְהָשֵׁב יִשְׂרָאֵל לִנְוֵיהֶם. וְשָׁם נַעֲלֶה וְנֵרָאֶה וְנִשְׁתַּחֲוֶה לְפָנֶיךָ, וְנֹאכַל שָׁם מִן הַזְּבָחִים וּמִן הַפְּסָחִים אֲשֶׁר יַגִּיעַ דָּמָם עַל קִיר מִזְבַּחֲךָ לְרָצוֹן: יִהְיוּ לְרָצוֹן אִמְרֵי פִי וְהֶגְיוֹן לִבִּי לְפָנֶיךָ יְהֹוָה צוּרִי וְגוֹאֲלִי:

יְהִי רָצוֹן מִלְּפָנֶיךָ יְהֹוָהיאהדונהי אֱלֹהֵינוּ וֵאלֹהֵי אֲבוֹתֵינוּ שֶׁיִּבָּנֶה בֵּית הַמִּקְדָּשׁ בִּמְהֵרָה בְיָמֵינוּ. וְתֵן חֶלְקֵנוּ בְּתוֹרָתֶךָ: וְשָׁם נַעֲבָדְךָ בְּיִרְאָה כִּימֵי עוֹלָם וּכְשָׁנִים קַדְמוֹנִיּוֹת:

# קערה של פסח

ה'קערה' היא בעצם שלוש המצות המכוסות במפה [גם בין המצות יש להפריד במפיות]. על קערת ה'סדר' מציבים את ששה דברים, בצורה דלהלן:

**הקערה היא בחינת המלכות**

**זרוע** – עצם על בשר או עוף, עם מעט בשר עליה, צלויה באש. היא זכר ל'קרבן-פסח' שהיו מקריבים בזמן בית-המקדש. אין אוכלים את ה'זרוע'. יש להכין את ה'זרוע' מערב החג.

**ביצה** - קשה, בקליפתה. זכר ל'קרבן-חגיגה' שהיו מקריבים בזמן בית- המקדש. אוכלים אותה בתחילת הסעודה.

**מרור** - עלי חסה ושורש 'חזרת'. המרור נועד להזכיר לנו את מרירות חייהם של אבותינו במצרים ואוכלים אותו במהלך הסדר. כמות המרור המינימלית שיש לאכול היא 'כזית' - 30 גרם.

**חרוסת** - רסק תפוחי-עץ, תמרים, אגסים ואגוזים טחונים, מתובלים ביין, ועוד לפי המנהגים. החרוסת מזכירה את הטיט שבו עבדו אבותינו בפרך. טובלים בה את המרור.

**כרפס** - עיקרו כרפס [בסלרי]. אפשר להשתמש בכל פרי אדמה, כמו תפוח-אדמה מבושל או בפרוסת בצל. הוא נאכל בתחילת הסדר. טבול במי מלח, כדי להתמיה את הילדים.

**חזרת** – כמו ירק המרור. את ה'חזרת' אוכלים ב'כורך', דהיינו בתוך המצה, זכר למנהגו של הלל הזקן שהיה כורך את המצה והמרור יחדיו

הגדה של פסח – שמחת חיים

סימן לסדר של פסח

קַדֵּשׁ. וּרְחַץ.
כַּרְפַּס. יַחַץ.
מַגִּיד. רָחְצָה.
מוֹצִיא. מַצָּה.
מָרוֹר. כּוֹרֵךְ.
שֻׁלְחָן עוֹרֵךְ.
צָפוּן. בָּרֵךְ.
הַלֵּל. נִרְצָה.

**קדש:** כולם אומרים את נוסח ה"קידוש" על היין, ושותים כוס יין אחת.
**ורחץ:** לאחר-מכן נוטלים ידיים [ללא ברכה].
**כרפס:** ואוכלים פרוסת ירק סלרי, או תפוח אדמה טבולה במי מלח.
**יחץ:** את המצה האמצעית של ה"קערה" חוצים לשתי פיסות.
**מגיד:** וקוראים את ההגדה... ושותים את הכוס השניה.
**רחצה:** שוב נוטלים ידיים, עם ברכה.
**מוציא:** אומרים את ברכת "המוציא לחם מן הארץ".
**מצה:** ברכה על המצה, ואוכלים מצה.
**מרור:** אוכלים ירק מר, קלחי חסה, לזכר המרירות.
**כורך:** ואוכלים כריך מצה שבתוכו מרור.
**שולחן עורך:** בלב מלא שמחה אנו אוכלים סעודה חגיגית.
**צפון:** ומוציאים את ה"אפיקומן", ואוכלים אותו.
**ברך:** אומרים ברכת המזון לאחר הסעודה, שותים כוס יין שלישית.
**הלל:** מהללים את ה' באמירת ה"הלל", ושותים את הכוס הרביעית.
**נרצה:** אנו יודעים כי ליל הסדר שערכנו רצוי לפני הקדוש-ברוך הוא.

הגדה של פסח – שמחת חיים

# קדש

**כוס ראשון**

מוזגים לו כוס ראשון ומקדש עליו
נוטלו בשתי ידיו, מחזיקו ביד ימינו ומקדש

___אם חל בשבת אומרים___

**מִזְמוֹר** לְדָוִד יְהֹוָה רֹעִי לֹא אֶחְסָר. בִּנְאוֹת דֶּשֶׁא יַרְבִּיצֵנִי עַל מֵי מְנֻחוֹת יְנַהֲלֵנִי. נַפְשִׁי יְשׁוֹבֵב יַנְחֵנִי בְמַעְגְּלֵי צֶדֶק לְמַעַן שְׁמוֹ. גַּם כִּי אֵלֵךְ בְּגֵיא צַלְמָוֶת לֹא אִירָא רָע כִּי אַתָּה עִמָּדִי שִׁבְטְךָ וּמִשְׁעַנְתֶּךָ הֵמָּה יְנַחֲמֻנִי. תַּעֲרֹךְ לְפָנַי שֻׁלְחָן נֶגֶד צֹרְרָי דִּשַּׁנְתָּ בַשֶּׁמֶן רֹאשִׁי כּוֹסִי רְוָיָה. אַךְ טוֹב וָחֶסֶד יִרְדְּפוּנִי כָּל יְמֵי חַיָּי וְשַׁבְתִּי בְּבֵית ה' לְאֹרֶךְ יָמִים:

**יוֹם הַשִּׁשִּׁי.** וַיְכֻלּוּ הַשָּׁמַיִם וְהָאָרֶץ וְכָל צְבָאָם. וַיְכַל אֱלֹהִים בַּיּוֹם הַשְּׁבִיעִי מְלַאכְתּוֹ אֲשֶׁר עָשָׂה. וַיִּשְׁבֹּת בַּיּוֹם הַשְּׁבִיעִי מִכָּל מְלַאכְתּוֹ אֲשֶׁר עָשָׂה. וַיְבָרֶךְ אֱלֹהִים אֶת יוֹם הַשְּׁבִיעִי וַיְקַדֵּשׁ אֹתוֹ. כִּי בוֹ שָׁבַת מִכָּל מְלַאכְתּוֹ אֲשֶׁר בָּרָא אֱלֹהִים לַעֲשׂוֹת.

___ואם חל יום טוב בחול מתחילים מכאן___

אֵלֶּה מוֹעֲדֵי יְהֹוָה<sup>יאהדונהי</sup> מִקְרָאֵי קֹדֶשׁ. אֲשֶׁר תִּקְרְאוּ אֹתָם בְּמוֹעֲדָם. וַיְדַבֵּר מֹשֶׁה אֶת מֹעֲדֵי יְהֹוָה<sup>יאהדונהי</sup> אֶל בְּנֵי יִשְׂרָאֵל:

# סַבְרִי מָרָנָן

עונים: לחיים

בָּרוּךְ אַתָּה יְהֹוָהיאההדונהי אֱלֹהֵינוּ מֶלֶךְ הָעוֹלָם, בּוֹרֵא פְּרִי הַגָּפֶן: על יין של ארץ ישראל אומר: פְּרִי גַּפְנָה.

בָּרוּךְ אַתָּה יְהֹוָהיאההדונהי אֱלֹהֵינוּ מֶלֶךְ הָעוֹלָם, אֲשֶׁר בָּחַר בָּנוּ מִכָּל עָם. וְרוֹמְמָנוּ מִכָּל לָשׁוֹן. וְקִדְּשָׁנוּ בְּמִצְוֹתָיו. וַתִּתֶּן לָנוּ יְהֹוָהיאההדונהי אֱלֹהֵינוּ בְּאַהֲבָה. [בשבת -שַׁבָּתוֹת לִמְנוּחָה וּ] מוֹעֲדִים לְשִׂמְחָה. חַגִּים וּזְמַנִּים לְשָׂשׂוֹן. [בשבת - אֶת יוֹם הַשַּׁבָּת הַזֶּה וְ] אֶת יוֹם חַג הַמַּצּוֹת הַזֶּה. וְאֶת יוֹם טוֹב מִקְרָא קֹדֶשׁ הַזֶּה. זְמַן חֵרוּתֵנוּ. בְּאַהֲבָה מִקְרָא קֹדֶשׁ. זֵכֶר לִיצִיאַת מִצְרָיִם. כִּי בָנוּ בָחַרְתָּ וְאוֹתָנוּ קִדַּשְׁתָּ מִכָּל הָעַמִּים. [בשבת - וְשַׁבָּתוֹת וּ] מוֹעֲדֵי קָדְשֶׁךָ [בשבת - בְּאַהֲבָה וּבְרָצוֹן] בְּשִׂמְחָה וּבְשָׂשׂוֹן הִנְחַלְתָּנוּ.

בָּרוּךְ אַתָּה יְהֹוָהיאההדונהי מְקַדֵּשׁ [בשבת - הַשַּׁבָּת וְ] יִשְׂרָאֵל וְהַזְּמַנִּים:

אם חל יום טוב במוצאי שבת אומרים

בָּרוּךְ אַתָּה יְהֹוָה אֱלֹהֵינוּ מֶלֶךְ הָעוֹלָם, בּוֹרֵא מְאוֹרֵי הָאֵשׁ:

בָּרוּךְ אַתָּה יְהֹוָה אֱלֹהֵינוּ מֶלֶךְ הָעוֹלָם, הַמַּבְדִּיל בֵּין קֹדֶשׁ לְחוֹל. וּבֵין אוֹר לְחוֹשֶׁךְ. וּבֵין יִשְׂרָאֵל לָעַמִּים. וּבֵין יוֹם הַשְּׁבִיעִי לְשֵׁשֶׁת יְמֵי הַמַּעֲשֶׂה. בֵּין קְדֻשַּׁת שַׁבָּת לִקְדֻשַּׁת יוֹם טוֹב הִבְדַּלְתָּ. וְאֶת יוֹם הַשְּׁבִיעִי מִשֵּׁשֶׁת יְמֵי הַמַּעֲשֶׂה הִקְדַּשְׁתָּ וְהִבְדַּלְתָּ. וְהִקְדַּשְׁתָּ אֶת עַמְּךָ יִשְׂרָאֵל בִּקְדֻשָּׁתֶךָ. בָּרוּךְ אַתָּה יְהֹוָה הַמַּבְדִּיל בֵּין קֹדֶשׁ לְקֹדֶשׁ:

מברכים שהחיינו בכל לילה של הסדר:

בָּרוּךְ אַתָּה יְהֹוָהיאההדונהי אֱלֹהֵינוּ מֶלֶךְ הָעוֹלָם, שֶׁהֶחֱיָנוּ וְקִיְּמָנוּ וְהִגִּיעָנוּ לַזְּמַן הַזֶּה:

ישתו כל המסובים בהסבת שמאל, כל היין שבכוס.

# ורחץ

ייטול ידיו בשביל טבול הכרפס ולא יברך על נטילת ידים, כי כל דבר שטבולו באחד משבעה משקין צריך נטילה.

# כרפס

**בָּרוּךְ אַתָּה יְהֹוָהיאהדונהי אֱלֹהֵינוּ מֶלֶךְ הָעוֹלָם בּוֹרֵא פְּרִי הָאֲדָמָה:**

ויאכל אותו בלי הסבה ויזהר להשאיר מהכרפס כדי שיהיה סדר הקערה שלם.

# יחץ

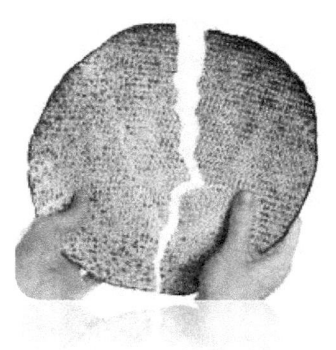

ייקח מצה האמצעית ויחלקנה לשני חלקים, חלק אחד גדול **כצורת ו' ויצניענו לאפיקומן**, וחלק השני קטן **כצורת ד'** **יניחנו בין שתי המצות.**

# מגיד

מגביהין את פרוסת המצה שבין שתי השלימות [החצי מצה] ואומרים שלוש פעמים:

הֵא לַחְמָא עַנְיָא. דִּי אֲכָלוּ אַבְהָתָנָא בְּאַרְעָא דְּמִצְרָיִם. כָּל דִּכְפִין יֵיתֵי וְיֵיכוֹל. כָּל-דִּצְרִיךְ יֵיתֵי וְיִפְסַח. הַשַּׁתָּא הָכָא. לְשָׁנָה הַבָּאָה בְּאַרְעָא דְּיִשְׂרָאֵל הַשַּׁתָּא הָכָא עַבְדֵי. לְשָׁנָה הַבָּאָה בְּאַרְעָא דְּיִשְׂרָאֵל בְּנֵי חוֹרִין.

הגדה של פסח - שמחות חיים

מוזגין כוס שני ומניחים לפני בעל הבית, ומסלקים את הקערה כאילו כבר אכלו, כדי שיראו התינוקות וישאלו. [לא שותים כוס זה בשלב זה]

מַה נִשְׁתַּנָּה הַלַּיְלָה הַזֶּה. מִכָּל הַלֵּילוֹת.

שֶׁבְּכָל הַלֵּילוֹת. אֵין אֲנַחְנוּ מַטְבִּלִין אֲפִלּוּ פַּעַם אֶחָת. וְהַלַּיְלָה הַזֶּה שְׁתֵּי פְעָמִים:

שֶׁבְּכָל הַלֵּילוֹת. אֲנַחְנוּ אוֹכְלִין חָמֵץ וּמַצָּה. וְהַלַּיְלָה הַזֶּה כֻּלּוֹ מַצָּה:

שֶׁבְּכָל הַלֵּילוֹת אֲנַחְנוּ אוֹכְלִין שְׁאָר יְרָקוֹת. וְהַלַּיְלָה הַזֶּה מָרוֹר:

שֶׁבְּכָל הַלֵּילוֹת אֲנַחְנוּ אוֹכְלִין וְשׁוֹתִין בֵּין יוֹשְׁבִין וּבֵין מְסֻבִּין. וְהַלַּיְלָה הַזֶּה כֻּלָּנוּ מְסֻבִּין:

מחזירים הקערה למקומה על השלחן ואומרים ההגדה, ותהיה המצה מגולה בשעת אמירת ההגדה, ורק בעת שאוחז הכוס בידו יכסה אותה:

עֲבָדִים הָיִינוּ לְפַרְעֹה בְּמִצְרָיִם. וַיּוֹצִיאֵנוּ יְהֹוָהיאהדונהי אֱלֹהֵינוּ מִשָּׁם. בְּיָד חֲזָקָה. וּבִזְרוֹעַ נְטוּיָה. וְאִלּוּ לֹא הוֹצִיא הַקָּדוֹשׁ בָּרוּךְ הוּא אֶת אֲבוֹתֵינוּ מִמִּצְרַיִם עֲדַיִן אֲנַחְנוּ וּבָנֵינוּ וּבְנֵי בָנֵינוּ. מְשֻׁעְבָּדִים הָיִינוּ לְפַרְעֹה בְּמִצְרָיִם. וַאֲפִלּוּ כֻּלָּנוּ חֲכָמִים. כֻּלָּנוּ נְבוֹנִים. כֻּלָּנוּ יוֹדְעִים אֶת הַתּוֹרָה. מִצְוָה עָלֵינוּ לְסַפֵּר בִּיצִיאַת מִצְרָיִם. וְכָל הַמַּרְבֶּה לְסַפֵּר בִּיצִיאַת מִצְרַיִם הֲרֵי זֶה מְשֻׁבָּח:

מַעֲשֶׂה בְּרַבִּי אֱלִיעֶזֶר. וְרַבִּי יְהוֹשֻׁעַ. וְרַבִּי אֶלְעָזָר בֶּן עֲזַרְיָה. וְרַבִּי עֲקִיבָא. וְרַבִּי טַרְפוֹן. שֶׁהָיוּ מְסֻבִּין בִּבְנֵי בְרַק. וְהָיוּ מְסַפְּרִים

הַגָּדָה שֶׁל פֶּסַח – שִׂמְחוֹת חַיִּים

בִּיצִיאַת מִצְרַיִם כָּל- אוֹתוֹ הַלַּיְלָה. עַד שֶׁבָּאוּ תַלְמִידֵיהֶם וְאָמְרוּ לָהֶם. רַבּוֹתֵינוּ הִגִּיעַ זְמַן קְרִיאַת שְׁמַע שֶׁל שַׁחֲרִית:

**אָמַר** רַבִּי אֶלְעָזָר בֶּן עֲזַרְיָה. הֲרֵי אֲנִי כְּבֶן שִׁבְעִים שָׁנָה. וְלֹא זָכִיתִי שֶׁתֵּאָמֵר יְצִיאַת מִצְרַיִם בַּלֵּילוֹת. עַד שֶׁדְּרָשָׁהּ בֶּן זוֹמָא שֶׁנֶּאֱמַר. לְמַעַן תִּזְכֹּר אֶת-יוֹם צֵאתְךָ מֵאֶרֶץ מִצְרַיִם כֹּל יְמֵי חַיֶּיךָ. יְמֵי חַיֶּיךָ הַיָּמִים. כֹּל יְמֵי חַיֶּיךָ הַלֵּילוֹת. וַחֲכָמִים אוֹמְרִים. יְמֵי חַיֶּיךָ הָעוֹלָם הַזֶּה. כֹּל יְמֵי חַיֶּיךָ. לְהָבִיא לִימוֹת הַמָּשִׁיחַ:

**בָּרוּךְ** הַמָּקוֹם בָּרוּךְ הוּא. בָּרוּךְ שֶׁנָּתַן תּוֹרָה לְעַמּוֹ יִשְׂרָאֵל. בָּרוּךְ הוּא. כְּנֶגֶד אַרְבָּעָה בָנִים דִּבְּרָה תוֹרָה. אֶחָד חָכָם. וְאֶחָד רָשָׁע. וְאֶחָד תָּם. וְאֶחָד שֶׁאֵינוֹ יוֹדֵעַ לִשְׁאֹל:

**חָכָם** מָה הוּא אוֹמֵר. מַה הָעֵדוֹת וְהַחֻקִּים וְהַמִּשְׁפָּטִים אֲשֶׁר צִוָּה יְהֹוָהיאהדונהי אֱלֹהֵינוּ אֶתְכֶם. אַף אַתָּה אֱמוֹר לוֹ כְּהִלְכוֹת הַפֶּסַח. אֵין מַפְטִירִין אַחַר הַפֶּסַח אֲפִיקוֹמָן:

**רָשָׁע** מָה הוּא אוֹמֵר. מָה הָעֲבוֹדָה הַזֹּאת לָכֶם. לָכֶם וְלֹא לוֹ. וּלְפִי שֶׁהוֹצִיא אֶת עַצְמוֹ מִן הַכְּלָל. כָּפַר בָּעִקָּר. אַף אַתָּה הַקְהֵה אֶת שִׁנָּיו וֶאֱמוֹר לוֹ. בַּעֲבוּר זֶה עָשָׂה יְהֹוָהיאהדונהי לִי בְּצֵאתִי מִמִּצְרָיִם. לִי וְלֹא לוֹ. וְאִלּוּ הָיָה שָׁם לֹא הָיָה נִגְאָל:

**תָּם** מָה הוּא אוֹמֵר. מַה-זֹּאת. וְאָמַרְתָּ אֵלָיו בְּחֹזֶק יָד הוֹצִיאָנוּ יְהֹוָהיאהדונהי מִמִּצְרַיִם מִבֵּית עֲבָדִים:

**וְשֶׁאֵינוֹ יוֹדֵעַ לִשְׁאֹל**. אַתְּ פְּתַח לוֹ. שֶׁנֶּאֱמַר וְהִגַּדְתָּ לְבִנְךָ בַּיּוֹם הַהוּא לֵאמֹר. בַּעֲבוּר זֶה עָשָׂה יְהֹוָהיאהדונהי לִי בְּצֵאתִי מִמִּצְרַיִם.

**יָכוֹל** מֵרֹאשׁ חֹדֶשׁ, תַּלְמוּד לוֹמַר בַּיּוֹם הַהוּא. אִי בַּיּוֹם הַהוּא, יָכוֹל מִבְּעוֹד יוֹם, תַּלְמוּד לוֹמַר בַּעֲבוּר זֶה. בַּעֲבוּר זֶה לֹא אָמַרְתִּי אֶלָּא בְּשָׁעָה שֶׁמַּצָּה וּמָרוֹר מֻנָּחִים לְפָנֶיךָ:

**מִתְּחִלָּה** עוֹבְדֵי עֲבוֹדָה זָרָה הָיוּ אֲבוֹתֵינוּ. וְעַכְשָׁו קֵרְבָנוּ הַמָּקוֹם לַעֲבוֹדָתוֹ, שֶׁנֶּאֱמַר. וַיֹּאמֶר יְהוֹשֻׁעַ אֶל כָּל-הָעָם. כֹּה אָמַר יְהוָהיאהדונהי אֱלֹהֵי יִשְׂרָאֵל בְּעֵבֶר הַנָּהָר יָשְׁבוּ אֲבוֹתֵיכֶם מֵעוֹלָם. תֶּרַח אֲבִי אַבְרָהָם וַאֲבִי נָחוֹר. וַיַּעַבְדוּ אֱלֹהִים אֲחֵרִים:

**וָאֶקַּח** אֶת אֲבִיכֶם אֶת אַבְרָהָם מֵעֵבֶר הַנָּהָר. וָאוֹלֵךְ אוֹתוֹ בְּכָל-אֶרֶץ כְּנָעַן. וָאַרְבֶּה אֶת זַרְעוֹ וָאֶתֶּן-לוֹ אֶת יִצְחָק. וָאֶתֵּן לְיִצְחָק אֶת יַעֲקֹב וְאֶת עֵשָׂו. וָאֶתֵּן לְעֵשָׂו אֶת הַר שֵׂעִיר לָרֶשֶׁת אוֹתוֹ וְיַעֲקֹב וּבָנָיו יָרְדוּ מִצְרָיִם:

**בָּרוּךְ** שׁוֹמֵר הַבְטָחָתוֹ לְיִשְׂרָאֵל בָּרוּךְ הוּא. שֶׁהַקָּדוֹשׁ בָּרוּךְ הוּא חִשַּׁב אֶת הַקֵּץ. לַעֲשׂוֹת כְּמוֹ שֶׁאָמַר לְאַבְרָהָם אָבִינוּ בִּבְרִית בֵּין הַבְּתָרִים שֶׁנֶּאֱמַר. וַיֹּאמֶר לְאַבְרָם יָדֹעַ תֵּדַע. כִּי גֵר יִהְיֶה זַרְעֲךָ בְּאֶרֶץ לֹא לָהֶם. וַעֲבָדוּם וְעִנּוּ אֹתָם אַרְבַּע מֵאוֹת שָׁנָה. וְגַם אֶת הַגּוֹי אֲשֶׁר יַעֲבֹדוּ דָּן אָנֹכִי. וְאַחֲרֵי כֵן יֵצְאוּ בִּרְכֻשׁ גָּדוֹל:

יכסה את המצות ויאחז את הכוס בידו הימנית ויאמר:

**וְהִיא**[5] שֶׁעָמְדָה לַאֲבוֹתֵינוּ וְלָנוּ. שֶׁלֹּא אֶחָד בִּלְבַד עָמַד עָלֵינוּ לְכַלּוֹתֵינוּ. אֶלָּא שֶׁבְּכָל-דּוֹר וָדוֹר עוֹמְדִים עָלֵינוּ לְכַלּוֹתֵינוּ. וְהַקָּדוֹשׁ בָּרוּךְ הוּא מַצִּילֵנוּ מִיָּדָם:

---

[5] זו ההבטחה שעמדה לנו ולאבותינו, שהקדוש ברוך הוא יהא עמנו בכל הגליות, כשנהיה בשליחותו של מקום, ולא יניחנו בכל מקום והוא יקבץ אותנו מן הגליות כענין שנאמר [ישעיה כ"ז י"ב] ואתם תלקטו לאחד אחד בני ישראל ופרש רש"י [דברים ל' ג'] כאלו הוא עצמו צריך להיות אוחז בידיו ממש איש איש ממקומו .

**צֵא** וּלְמַד מַה בִּקֵּשׁ לָבָן הָאֲרַמִּי. לַעֲשׂוֹת לְיַעֲקֹב אָבִינוּ, שֶׁפַּרְעֹה לֹא גָזַר אֶלָּא עַל הַזְּכָרִים. וְלָבָן בִּקֵּשׁ לַעֲקוֹר אֶת הַכֹּל. שֶׁנֶּאֱמַר אֲרַמִּי אֹבֵד אָבִי. וַיֵּרֶד מִצְרַיְמָה וַיָּגָר שָׁם בִּמְתֵי מְעָט. וַיְהִי שָׁם לְגוֹי גָּדוֹל עָצוּם וָרָב:

**וַיֵּרֶד**[6] מִצְרַיְמָה. אָנוּס עַל פִּי הַדִּבּוּר. וַיָּגָר שָׁם. מְלַמֵּד שֶׁלֹּא יָרַד לְהִשְׁתַּקֵּעַ אֶלָּא לָגוּר שָׁם. שֶׁנֶּאֱמַר וַיֹּאמְרוּ אֶל פַּרְעֹה לָגוּר בָּאָרֶץ בָּאנוּ כִּי אֵין מִרְעֶה לַצֹּאן אֲשֶׁר לַעֲבָדֶיךָ. כִּי כָבֵד הָרָעָב בְּאֶרֶץ כְּנָעַן. וְעַתָּה יֵשְׁבוּ נָא עֲבָדֶיךָ בְּאֶרֶץ גֹּשֶׁן:

**בִּמְתֵי**[7] מְעָט. כְּמוֹ שֶׁנֶּאֱמַר. בְּשִׁבְעִים נֶפֶשׁ יָרְדוּ אֲבוֹתֶיךָ מִצְרָיְמָה. וְעַתָּה שָׂמְךָ יְהֹוָהיאהדונהי אֱלֹהֶיךָ כְּכוֹכְבֵי הַשָּׁמַיִם לָרֹב:

---

כתיב [ויקרא כ"ו מ"ד] "ואף גם זאת בהיותם בארץ איביהם לא מאסתים ולא געלתים לכלתם להפר בריתי אתם" ותרגם יונתן בן עזיאל - **כד יהויין גלין בארע בעלי דבביהון, לא אמאסינון** [כנגד לא מאסתים] **במלכותא דבבל, ולא ירחק מימרי יתהון במלכותא דמדי** [כנגד לא געלתים] **למשיציא יתהון במלכותא דיון** [כנגד לכליתם] למפסוק קיימי עמהון במלכותא דאדום [כנגד להפר בריתי אתם] ארום אנא ה' אלקכון ביומוי דגוג , עד כאן לשונו.

[6] אומרים חז"ל במדרש שוחר טוב מזמור ק"ה - ראוי היה יעקב לירד למצרים בשלשלאות של ברזל ובקולרין, ועשה לו הקדוש ברוך הוא כמה **עלילות מנגנאות** [גלגולים וסיבובים] שנמכר יוסף למצרים כדי לירד. "ויקרא רעב על הארץ" , וכל כך למה [בראשית מ"ו ו'] - "ויבוא יעקב מצרימה" אמר רבי פנחס הכהן בר חמא , משל לפרה אחת שהיו רוצים למשך אותה למקולין שלה . ולא היתה נמשכת . מה עשו , משכו בנה תחלה והייתה רצה אחריו . כן עשה הקדוש ברוך הוא **מנגנאות** [גלגולים וסיבובים] שיעשו אחי יוסף כל אותן הדברים כדי שירדו למצרים גם כן, כדי שירד גם יעקב שנאמר [הושע י"א ד'] - "בחבלי אדם אמשכם".

[7] כתב רבינו האר"י זלה"ה בשער הגלגולים הקדמה ל"ח - גם בענין שרשי הנשמות, דע, כי כל הנשמות היו כלולים באדם הראשון. והנה כל שרש נשמות אדם הראשון, הם שלשה אבות. ואחר כך נחלקים לי"ב שבטים. ואחר כך נחלקים לשבעים נפש. וכל חלק מאלו השבעים, נחלקים לכמה חלקים, עד שנמצאו כל החלקים של השרשים כלם, שיש בנשמת אדם הראשון, הם ששים רבוא שרשים קטנים.

והנה אם תדקדק תראה, כי התרי"ג הם כללות ששים רבוא, כי הששים רבוא הם שש מאות אלף רגלי, והם שתי אותיות **ת"ר** של תרי"ג. ואות **ג'** של תרי"ג, הם שלש אבות. ואות **י'** של תרי"ג, הם סוד שבעים נפש. כי הנה שש קצוות הם, בסוד ששים רבוא כנודע, והיו"ד היא משלמת לשבעים נפש כנודע. גם שתי אותיות י"ג, הם י"ב שבטים, ואחד יתר הוא מציאותם. הרי שהם תרי"ג, וכוללים כל המציאויות הנזכרים לעיל.

וַיְהִי שָׁם לְגוֹי גָּדוֹל. מְלַמֵּד שֶׁהָיוּ יִשְׂרָאֵל מְצֻיָּנִים שָׁם[8].
לְגוֹי גָּדוֹל וְעָצוּם כְּמוֹ שֶׁנֶּאֱמַר. וּבְנֵי יִשְׂרָאֵל פָּרוּ וַיִּשְׁרְצוּ וַיִּרְבּוּ וַיַּעַצְמוּ בִּמְאֹד מְאֹד וַתִּמָּלֵא הָאָרֶץ אֹתָם:

וָרָב. כְּמוֹ שֶׁנֶּאֱמַר. רְבָבָה כְּצֶמַח הַשָּׂדֶה נְתַתִּיךְ. וַתִּרְבִּי וַתִּגְדְּלִי וַתָּבֹאִי בַּעֲדִי עֲדָיִים. שָׁדַיִם נָכֹנוּ וּשְׂעָרֵךְ צִמֵּחַ. וְאַתְּ עֵרֹם וְעֶרְיָה. וָאֶעֱבוֹר עָלַיִךְ וָאֶרְאֵךְ מִתְבּוֹסֶסֶת בְּדָמָיִךְ. וָאוֹמַר[9] לָךְ בְּדָמַיִךְ חֲיִי. וָאוֹמַר לָךְ בְּדָמַיִךְ חֲיִי:

[8] **בן איש חי** – ונראה לי בסיעתא דשמיא, דאמרו רבותינו ז"ל שהיו הנשים הולכות ויולדות בשדה תחת התפוח, ומניחים הילדים בשדה ובאים לביתם, והקדוש ברוך הוא שולח מלאך ומנקה הילדים ומשפר אותם, וכיון שמתגדלים באים עדרים עדרים לביתם , שנאמר "ותבאי בעדי עדיים" אל תקרי בעדי עדיים, אלא בעדרים עדרים. וקשה טובא , **איך היה להם יחוס כזה**, כיון דאין אמותיהם ואבותיהם מכירים אותם מי הילדים שלהם, ונמצא אח נושא אחותו, כי בנו של ראובן ילך אצל שמעון ואחר כך ישא זה את אחותו בת ראובן, כי חושבין שהוא בן שמעון ובאמת הוא בן ראובן . ונראה לי בסיעתא דשמיא, כי הקדוש ברוך הוא היה **עושה שכל ילד יהיה כמו צורת אביו ממש**, על דרך מה שאמרו רבותינו ז"ל - שהיו אומרים מאבימלך נתעברה שרה, מה עשה הקדוש ברוך הוא, צר קלסתר פניו של יצחק דומה לאברהם ממש, דמאן דהוה משתעי עם אברהם הוה משתעי עם יצחק, כי חושבו אברהם. וכן כאן כל ילד קלסתר פניו דומה לאביו ממש, ואם כן כל אחד יש בו סימן גדול שהוא בנו של פלוני ולא יבואו לידי תערבת כלל.

[9] דע כי שתי יסודות היהדות הנרמזים **בדם פסח ודם מילה**, דהינו אמונה, ושמירת ברית קדש, הם הנרתיקים לשמר על כל דבר שבקדשה שלא ישלטו בהם החיצונים. שאם אמונתו טהורה וזכה, וחי חיי קדשה וטהרה, אז רגלי חסידיו ישמר. וזהו **ואראך מתבוססת בדמיך**, שיהודי שופך דמו לקים שתי עניינים אלו , ואומר לך **בדמיך חיי** , שאז הוא מלא חיות בכל דבר שבקדשה. וזהו שאומרים שתי פעמים בדמיך חיי, כנגד שתי עניינים אלו המרמזים **בדם פסח ודם מילה**. ומרמז בזה עוד דהנה איתא ממרן האר" זלה"ה שיש **דם טהור ודם טמא**, ואם יהודי מתאבק בדמו ושופך דמו לקים רצון השם, ואינו משלים עם המציאות שיצר הרע ישלט על דמו, אזי גם מהדם הטמא נהפך לו לחיות דקדשה, והוא בבחינת מאמר חז"ל - **דם נעכר ונעשה חלב**, הינו מהדם הטמא נעשה שפע עליון, ורתחא דקדשה.

הַגָּדָה שֶׁל פֶּסַח – שִׂמְחוֹת חַיִּים

וַיָּרֵעוּ אֹתָנוּ הַמִּצְרִים וַיְעַנּוּנוּ[10]. וַיִּתְּנוּ[11] עָלֵינוּ עֲבוֹדָה קָשָׁה:

**וַיָּרֵעוּ** אֹתָנוּ הַמִּצְרִים. כְּמוֹ שֶׁנֶּאֱמַר. הָבָה נִתְחַכְּמָה לוֹ פֶּן יִרְבֶּה. וְהָיָה כִּי תִקְרֶאנָה מִלְחָמָה וְנוֹסַף גַּם הוּא עַל שֹׂנְאֵינוּ. וְנִלְחַם בָּנוּ וְעָלָה מִן הָאָרֶץ:

**וַיְעַנּוּנוּ** כְּמוֹ שֶׁנֶּאֱמַר. וַיָּשִׂימוּ עָלָיו שָׂרֵי מִסִּים לְמַעַן עַנֹּתוֹ בְּסִבְלֹתָם. וַיִּבֶן עָרֵי מִסְכְּנוֹת לְפַרְעֹה אֶת פִּתֹם וְאֶת רַעַמְסֵס:

**וַיִּתְּנוּ** עָלֵינוּ עֲבוֹדָה קָשָׁה. כְּמוֹ שֶׁנֶּאֱמַר. וַיַּעֲבִדוּ מִצְרַיִם אֶת בְּנֵי יִשְׂרָאֵל בְּפָרֶךְ:

**וַנִּצְעַק** אֶל יְהֹוָה יאהדונהי אֱלֹהֵי אֲבוֹתֵינוּ וַיִּשְׁמַע יְהֹוָה יאהדונהי אֶת קֹלֵנוּ וַיַּרְא אֶת עָנְיֵנוּ וְאֶת עֲמָלֵנוּ וְאֶת לַחֲצֵנוּ:

---

10 **פרקי דרבי אליעזר פרק מ"ח** – רבי עקיבא אומר נוגשי פרעה היו מכים את בני ישראל כדי לעשות להם לבנים, כמו שנאמר [שמות ה' ח'] "ואת מתכנת הלבנים", ומצרים לא היו נותנים תבן לישראל, שנאמר [שמות ה' ט"ז] "תבן אין נתן לעבדיך ולבנים אמרים לנו עשו", והיו ישראל מקוששים את הקש במדבר, והיו רומסים אותו בחמוריהם, ונשיהם, ובניהם, ובנותיהם. והקש של מדבר היה נוקב את עקביהם, והיה הדם יוצא ומתבוסס בחמר. ורחל בת בתו של שותלח היתה הרה ללדת, ורמסה בחמר עם בעלה, ויצא הולד מתוך מעיה, ונתערב בתוך התבן, ועלתה צעקתה לפני כסא הכבוד. ירד מיכאל המלאך, לקח את המלבן בטיט שלו, והעלהו לפני כסא הכבוד.

11 **מדרש רבה שמות פרק ט"ו** – שנטל פרעה סל ומגרפה, ומי היה רואה את פרעה נוטל סל ומגרפה ועושה בלבנים ולא היה עושה, מיד הלכו כל ישראל בזריזות ועשו עמו בכל כחן, לפי שהיו בעלי כח וגבורים, כיון שחשכה העמיד עליהם נוגשים ואמר להם חשבו את הלבנים, מיד עמדו ומנו אותם, ואמר להם כזה אתם מעמידים בכל יום.

**וַנִּצְעַק**[12] אֶל יְהֹוָהיאהדונהי אֱלֹהֵי אֲבוֹתֵינוּ. כְּמוֹ שֶׁנֶּאֱמַר. וַיְהִי בַיָּמִים הָרַבִּים הָהֵם וַיָּמָת מֶלֶךְ מִצְרַיִם. וַיֵּאָנְחוּ בְנֵי יִשְׂרָאֵל מִן הָעֲבֹדָה וַיִּזְעָקוּ. וַתַּעַל שַׁוְעָתָם אֶל הָאֱלֹהִים מִן הָעֲבֹדָה:

**וַיִּשְׁמַע** יְהֹוָהיאהדונהי אֶת קֹלֵנוּ. כְּמוֹ שֶׁנֶּאֱמַר. וַיִּשְׁמַע אֱלֹהִים אֶת נַאֲקָתָם. וַיִּזְכֹּר אֱלֹהִים אֶת בְּרִיתוֹ. אֶת אַבְרָהָם אֶת יִצְחָק וְאֶת יַעֲקֹב:

**וַיַּרְא**[13] אֶת עָנְיֵנוּ זוֹ פְּרִישׁוּת דֶּרֶךְ אֶרֶץ כְּמוֹ שֶׁנֶּאֱמַר. וַיַּרְא אֱלֹהִים אֶת בְּנֵי יִשְׂרָאֵל וַיֵּדַע אֱלֹהִים:

**וְאֶת** עֲמָלֵנוּ. אֵלּוּ הַבָּנִים. כְּמוֹ שֶׁנֶּאֱמַר. וַיְצַו פַּרְעֹה לְכָל-עַמּוֹ לֵאמֹר. כָּל הַבֵּן הַיִּלּוֹד הַיְאֹרָה תַּשְׁלִיכֻהוּ. וְכָל הַבַּת תְּחַיּוּן:

**וְאֶת** לַחֲצֵנוּ. זֶה הַדְּחַק. כְּמוֹ שֶׁנֶּאֱמַר. וְגַם רָאִיתִי אֶת הַלַּחַץ אֲשֶׁר מִצְרַיִם לֹוחֲצִים אֹתָם:

**וַיּוֹצִיאֵנוּ** יְהֹוָהיאהדונהי מִמִּצְרַיִם. בְּיָד חֲזָקָה וּבִזְרֹעַ נְטוּיָה וּבְמֹרָא גָּדוֹל. וּבְאֹתוֹת וּבְמֹפְתִים:

---

[12] **מדרש תנחומא בשלח ט'** - וישאו בני ישראל וגו', וייראו מאד ויצעקו. תפשו אומנות אבותיהם. באברהם כתיב [בראשית י"ג , ד'] - "ויקרא שם אברם בשם הוי"ה". ביצחק כתיב [בראשית כ"ד, ס"ג] - "ויצא יצחק לשוח בשדה". ביעקב כתיב [בראשית כ"ח, י"א] "ויפגע במקום". אין פגיעה אלא תפילה, שנאמר [ירמיהו ז' , ט"ז] - "ואתה אל תתפלל בעד העם הזה ואל תשא בעדם רנה ותפילה ואל תפגע בי". ואומר [ישעיהו מ"א, י"ד] - "אל תיראי תולעת יעקב". **למה נמשלו ישראל לתולעת.** לומר לך, מה תולעת הזה אינו מכה את הארזים אלא בפיה, והיא רכה ומכה את הקשה, **כך אין להם לישראל אלא תפילה.**

[13] **מדרש רבה שמות פרק א'** – שבתחלה גזר וצוה לנוגשים שיהיו דוחקים בהם. כדי שיהיו עושים את הסכום שלהם, ולא היו ישנים בבתיהם. והוא חשב למעטן מפריה ורביה, אמר מתוך שאינם ישנים בבתיהם אינם מולידים, אמרו להם הנוגשים אם אתם הולכים לישן בבתיכם עד שאנו משלחים אחריכם בבקר היום עולה לשעה ולשתים ואין אתם משלמים את הסכום שלכם, שנאמר [שמות ה' י"ג ] "והנגשים אצים לאמר כלו מעשיכם"

וַיּוֹצִיאֵנוּ יְהֹוָהיאהדונהי מִמִּצְרַיִם. לֹא עַל יְדֵי מַלְאָךְ. וְלֹא עַל יְדֵי שָׂרָף. וְלֹא עַל יְדֵי שָׁלִיחַ. אֶלָּא הַקָּדוֹשׁ בָּרוּךְ הוּא בִּכְבוֹדוֹ וּבְעַצְמוֹ. שֶׁנֶּאֱמַר. וְעָבַרְתִּי בְאֶרֶץ מִצְרַיִם בַּלַּיְלָה הַזֶּה. וְהִכֵּיתִי כָל בְּכוֹר בְּאֶרֶץ מִצְרַיִם מֵאָדָם וְעַד בְּהֵמָה. וּבְכָל אֱלֹהֵי מִצְרַיִם אֶעֱשֶׂה שְׁפָטִים. אֲנִי יְהֹוָהיאהדונהי:

וְעָבַרְתִּי בְאֶרֶץ מִצְרַיִם. אֲנִי וְלֹא מַלְאָךְ. וְהִכֵּיתִי כָל בְּכוֹר. אֲנִי וְלֹא שָׂרָף. וּבְכָל אֱלֹהֵי מִצְרַיִם אֶעֱשֶׂה שְׁפָטִים אֲנִי וְלֹא שָׁלִיחַ. אֲנִי יְהֹוָהיאהדונהי. אֲנִי הוּא וְלֹא אַחֵר:

אָמְרוּ רַבּוֹתֵינוּ זִכְרוֹנָם לִבְרָכָה. כְּשֶׁיָּרַד הַקָּדוֹשׁ בָּרוּךְ הוּא עַל הַמִּצְרִיִּים בְּמִצְרַיִם, יָרְדוּ עִמּוֹ תִּשְׁעַת אֲלָפִים רְבָבוֹת. מֵהֶם מַלְאֲכֵי אֵשׁ. וּמֵהֶם מַלְאֲכֵי בָרָד. וּמֵהֶם מַלְאֲכֵי זִיעַ. וּמֵהֶם מַלְאֲכֵי רֶתֶת. וּמֵהֶם מַלְאֲכֵי חַלְחָלָה. וְרֶתֶת וְחַלְחָלָה אוֹחֶזֶת לְמִי שֶׁהוּא רוֹאֶה אוֹתָם. אָמְרוּ לְפָנָיו רִבּוֹנוֹ שֶׁל עוֹלָם. וַהֲלֹא מֶלֶךְ בָּשָׂר וָדָם, כְּשֶׁהוּא יוֹרֵד לַמִּלְחָמָה שָׂרָיו וַעֲבָדָיו מַקִּיפִין בִּכְבוֹדוֹ. וְאַתָּה מֶלֶךְ מַלְכֵי הַמְּלָכִים הַקָּדוֹשׁ בָּרוּךְ הוּא דַּיָּן עָלֵינוּ. שֶׁאֲנַחְנוּ עֲבָדֶיךָ. וְהֵם בְּנֵי בְרִיתֶךָ. נֵרֵד וְנַעֲשֶׂה עִמָּם מִלְחָמָה. אָמַר לָהֶם. אֵין דַּעְתִּי מִתְקָרֶרֶת עַד שֶׁאֵרֵד אֲנִי בְעַצְמִי. אֲנִי בִּכְבוֹדִי. אֲנִי בִּגְדֻלָּתִי, אֲנִי בִּקְדֻשָּׁתִי. אֲנִי יְהֹוָהיאהדונהי. אֲנִי הוּא וְלֹא אַחֵר:

בְּיָד חֲזָקָה. זוֹ הַדֶּבֶר. כְּמוֹ שֶׁנֶּאֱמַר. הִנֵּה יַד יְהֹוָהיאהדונהי הוֹיָה בְּמִקְנְךָ אֲשֶׁר בַּשָּׂדֶה. בַּסּוּסִים בַּחֲמוֹרִים בַּגְּמַלִּים בַּבָּקָר וּבַצֹּאן. דֶּבֶר כָּבֵד מְאֹד:

וּבִזְרֹעַ נְטוּיָה. זוֹ הַחֶרֶב כְּמוֹ שֶׁנֶּאֱמַר. וְחַרְבּוֹ שְׁלוּפָה בְּיָדוֹ נְטוּיָה עַל יְרוּשָׁלָיִם:

וּבְמֹרָא גָּדוֹל. זֶה גִּלּוּי שְׁכִינָה. כְּמוֹ שֶׁנֶּאֱמַר. אוֹ הֲנִסָּה אֱלֹהִים

הגדה של פסח – שמחות חיים

לָבוֹא לָקַחַת לוֹ גוֹי מִקֶּרֶב גּוֹי. בְּמַסּוֹת בְּאֹתוֹת וּבְמוֹפְתִים וּבְמִלְחָמָה. וּבְיָד חֲזָקָה וּבִזְרוֹעַ נְטוּיָה. וּבְמוֹרָאִים גְּדוֹלִים. כְּכֹל אֲשֶׁר עָשָׂה לָכֶם יְהֹוָהיאהדונהי אֱלֹהֵיכֶם בְּמִצְרַיִם לְעֵינֶיךָ:

**וּבְאֹתוֹת**. זֶה הַמַּטֶּה. כְּמוֹ שֶׁנֶּאֱמַר. וְאֶת הַמַּטֶּה הַזֶּה תִּקַּח בְּיָדֶךָ. אֲשֶׁר תַּעֲשֶׂה בּוֹ אֶת הָאֹתֹת:

ייקח כידו כוס יין וישפוך בכלי שלש פעמים כשיאמר דם ואש ותמרות עשן, וכן באומרו עשר מכות ישפוך עשר פעמים **לכלי שבור** - בכל מכה ישפוך מעט, וכן דצ"ך עד"ש באח"ב, סך הכל ט"ז פעמים.

**וּבְמוֹפְתִים**. זֶה הַדָּם. כְּמוֹ שֶׁנֶּאֱמַר. וְנָתַתִּי מוֹפְתִים בַּשָּׁמַיִם וּבָאָרֶץ:

## דָּם. וָאֵשׁ. וְתִמְרוֹת עָשָׁן

**דָּבָר אַחֵר**. בְּיָד חֲזָקָה שְׁתַּיִם. וּבִזְרוֹעַ נְטוּיָה שְׁתַּיִם. וּבְמוֹרָא גָּדוֹל שְׁתַּיִם. וּבְאֹתוֹת שְׁתַּיִם. וּבְמֹפְתִים שְׁתַּיִם:

**אֵלּוּ** עֶשֶׂר מַכּוֹת שֶׁהֵבִיא הַקָּדוֹשׁ בָּרוּךְ הוּא עַל הַמִּצְרִיִּים בְּמִצְרַיִם. וְאֵלּוּ הֵן.

ייקח כידו כוס יין וישפוך בכלי מעט יין כשיאמר כל אחת מעשר המכות, ישפוך **לכלי שבור** - בכל מכה ישפוך מעט, ביחד 10 טיפות.

## דָּם: צְפַרְדֵּעַ: כִּנִּים: דֶּבֶר: עָרוֹב: שְׁחִין: בָּרָד: אַרְבֶּה: חֹשֶׁךְ: מַכַּת בְּכוֹרוֹת:

הַגָּדָה שֶׁל פֶּסַח – שְׁמוּרוֹת זוּיִם

ישפוך בדצ"ך עד"ש באחא"ב שלוש טיפות מהיין לכלי שבור.

רַבִּי יְהוּדָה הָיָה נוֹתֵן בָּהֶם סִימָנִים:

## דְּצַ"ךְ עַדַ"שׁ בְּאַחַ"ב

רַבִּי יוֹסֵי הַגְּלִילִי אוֹמֵר מִנַּיִן אַתָּה אוֹמֵר שֶׁלָּקוּ הַמִּצְרִיִּים בְּמִצְרַיִם עֶשֶׂר מַכּוֹת. וְעַל הַיָּם לָקוּ חֲמִשִּׁים מַכּוֹת. בְּמִצְרַיִם מַה הוּא אוֹמֵר. וַיֹּאמְרוּ הַחַרְטֻמִּים אֶל פַּרְעֹה אֶצְבַּע אֱלֹהִים הִיא. וְעַל הַיָּם מַה הוּא אוֹמֵר. וַיַּרְא יִשְׂרָאֵל אֶת הַיָּד הַגְּדֹלָה אֲשֶׁר עָשָׂה יְהֹוָהיאהדונהי בְּמִצְרַיִם וַיִּירְאוּ הָעָם אֶת יְהֹוָהיאהדונהי וַיַּאֲמִינוּ בַּיהֹוָהיאהדונהי וּבְמֹשֶׁה עַבְדּוֹ:

כַּמָּה לָקוּ בְּאֶצְבַּע עֶשֶׂר מַכּוֹת. אֱמוֹר מֵעַתָּה בְּמִצְרַיִם לָקוּ עֶשֶׂר מַכּוֹת. וְעַל הַיָּם לָקוּ חֲמִשִּׁים מַכּוֹת:

רַבִּי אֱלִיעֶזֶר אוֹמֵר. מִנַּיִן שֶׁכָּל מַכָּה וּמַכָּה שֶׁהֵבִיא הַקָּדוֹשׁ בָּרוּךְ הוּא עַל הַמִּצְרִיִּים הָיְתָה שֶׁל אַרְבַּע מַכּוֹת. שֶׁנֶּאֱמַר יְשַׁלַּח בָּם חֲרוֹן אַפּוֹ. עֶבְרָה וָזַעַם וְצָרָה. מִשְׁלַחַת מַלְאֲכֵי רָעִים. עֶבְרָה אַחַת. וָזַעַם שְׁתַּיִם. וְצָרָה שָׁלֹשׁ. מִשְׁלַחַת מַלְאֲכֵי רָעִים אַרְבַּע. אֱמוֹר מֵעַתָּה בְּמִצְרַיִם לָקוּ אַרְבָּעִים מַכּוֹת. וְעַל הַיָּם לָקוּ מָאתַיִם מַכּוֹת:

רַבִּי עֲקִיבָא אוֹמֵר. מִנַּיִן שֶׁכָּל מַכָּה וּמַכָּה שֶׁהֵבִיא הַקָּדוֹשׁ בָּרוּךְ הוּא עַל הַמִּצְרִיִּים בְּמִצְרַיִם הָיְתָה שֶׁל חָמֵשׁ מַכּוֹת. שֶׁנֶּאֱמַר יְשַׁלַּח בָּם חֲרוֹן אַפּוֹ. עֶבְרָה וָזַעַם וְצָרָה. מִשְׁלַחַת מַלְאֲכֵי רָעִים. חֲרוֹן אַפּוֹ אַחַת. עֶבְרָה שְׁתַּיִם. וָזַעַם שָׁלֹשׁ. וְצָרָה אַרְבַּע. מִשְׁלַחַת מַלְאֲכֵי רָעִים חָמֵשׁ.

אֱמוֹר מֵעַתָּה בְּמִצְרַיִם לָקוּ חֲמִשִּׁים מַכּוֹת. וְעַל הַיָּם לָקוּ מָאתַיִם וַחֲמִשִּׁים מַכּוֹת:

## כַּמָּה מַעֲלוֹת טוֹבוֹת לַמָּקוֹם עָלֵינוּ:

**אִלּוּ** הוֹצִיאָנוּ מִמִּצְרַיִם וְלֹא עָשָׂה בָהֶם שְׁפָטִים, דַּיֵּנוּ:

**אִלּוּ** עָשָׂה בָהֶם שְׁפָטִים. וְלֹא עָשָׂה בֵאלֹהֵיהֶם, דַּיֵּנוּ:

**אִלּוּ** עָשָׂה בֵאלֹהֵיהֶם. וְלֹא הָרַג בְּכוֹרֵיהֶם, דַּיֵּנוּ:

**אִלּוּ** הָרַג בְּכוֹרֵיהֶם וְלֹא נָתַן לָנוּ אֶת מָמוֹנָם, דַּיֵּנוּ:

וּמִנַּיִן שֶׁנָּתַן לָנוּ אֶת מָמוֹנָם. שֶׁנֶּאֱמַר וַיְנַצְּלוּ אֶת מִצְרַיִם. עֲשָׂאוּהָ כִּמְצוּלָה שֶׁאֵין בָּהּ דָּגִים. דָּבָר אַחֵר עֲשָׂאוּהָ כִּמְצוּדָה שֶׁאֵין בָּהּ דָּגָן. לָמָּה מְחַבֵּב הַכָּתוּב אֶת בִּזַּת הַיָּם יוֹתֵר מִבִּזַּת מִצְרַיִם. אֶלָּא מַה שֶּׁהָיָה בַבָּתִּים נָטְלוּ בְּמִצְרַיִם. וּמַה שֶּׁהָיָה בְּבָתֵּי תְשׁוּרָאוֹת נָטְלוּ עַל הַיָּם. וְכֵן הוּא אוֹמֵר כַּנְפֵי יוֹנָה נֶחְפָּה בַכֶּסֶף זוֹ בִּזַּת מִצְרַיִם. וְאֶבְרוֹתֶיהָ בִּירַקְרַק חָרוּץ. זוֹ בִּזַּת הַיָּם. וַתִּרְבִּי וַתִּגְדְּלִי וַתָּבוֹאִי זוֹ בִּזַּת מִצְרַיִם. בַּעֲדִי עֲדָיִים. זוֹ בִּזַּת הַיָּם. תּוֹרֵי זָהָב נַעֲשֶׂה לָּךְ. זוֹ בִּזַּת מִצְרַיִם. עִם נְקֻדּוֹת הַכָּסֶף. זוֹ בִּזַּת הַיָּם:

**אִלּוּ** נָתַן לָנוּ אֶת מָמוֹנָם. וְלֹא קָרַע לָנוּ אֶת הַיָּם, דַּיֵּנוּ:

**אִלּוּ** קָרַע לָנוּ אֶת הַיָּם. וְלֹא הֶעֱבִירָנוּ בְתוֹכוֹ בֶּחָרָבָה, דַּיֵּנוּ:

**אִלּוּ** הֶעֱבִירָנוּ בְתוֹכוֹ בֶּחָרָבָה. וְלֹא שִׁקַּע צָרֵינוּ בְּתוֹכוֹ, דַּיֵּנוּ:

**אִלּוּ** שִׁקַּע צָרֵינוּ בְּתוֹכוֹ. וְלֹא סִפֵּק צָרְכֵּנוּ בַּמִּדְבָּר אַרְבָּעִים שָׁנָה, דַּיֵּנוּ:

**אִלּוּ** סִפֵּק צָרְכֵּנוּ בַּמִּדְבָּר אַרְבָּעִים שָׁנָה. וְלֹא הֶאֱכִילָנוּ אֶת הַמָּן, דַּיֵּנוּ:

**אִלּוּ** הֶאֱכִילָנוּ אֶת הַמָּן. וְלֹא נָתַן לָנוּ אֶת הַשַּׁבָּת, דַּיֵּנוּ:

**אִלּוּ** נָתַן לָנוּ אֶת הַשַּׁבָּת. וְלֹא קֵרְבָנוּ לִפְנֵי הַר סִינַי, דַּיֵּנוּ:

**אִלּוּ** קֵרְבָנוּ לִפְנֵי הַר סִינַי. וְלֹא נָתַן לָנוּ אֶת הַתּוֹרָה, דַּיֵּנוּ:

**אִלּוּ** נָתַן לָנוּ אֶת הַתּוֹרָה. וְלֹא הִכְנִיסָנוּ לְאֶרֶץ יִשְׂרָאֵל, דַּיֵּנוּ:

**אִלּוּ** הִכְנִיסָנוּ לְאֶרֶץ יִשְׂרָאֵל. וְלֹא בָנָה לָנוּ אֶת בֵּית הַמִּקְדָּשׁ, דַּיֵּנוּ:

**עַל אַחַת** כַּמָּה וְכַמָּה טוֹבָה כְּפוּלָה וּמְכֻפֶּלֶת לַמָּקוֹם עָלֵינוּ. הוֹצִיאָנוּ מִמִּצְרַיִם. עָשָׂה בָהֶם שְׁפָטִים. עָשָׂה בֵאלֹהֵיהֶם. הָרַג בְּכוֹרֵיהֶם. נָתַן לָנוּ אֶת מָמוֹנָם. קָרַע לָנוּ אֶת הַיָּם. הֶעֱבִירָנוּ בְתוֹכוֹ בֶּחָרָבָה. שִׁקַּע צָרֵינוּ בְּתוֹכוֹ. סִפֵּק צָרְכֵנוּ בַּמִּדְבָּר אַרְבָּעִים שָׁנָה. הֶאֱכִילָנוּ אֶת הַמָּן. נָתַן לָנוּ אֶת הַשַּׁבָּת. קֵרְבָנוּ לִפְנֵי הַר סִינַי. נָתַן לָנוּ אֶת הַתּוֹרָה. הִכְנִיסָנוּ לְאֶרֶץ יִשְׂרָאֵל. וּבָנָה לָנוּ אֶת בֵּית הַבְּחִירָה לְכַפֵּר עַל כָּל עֲוֹנוֹתֵינוּ:

**רַבָּן גַּמְלִיאֵל הָיָה אוֹמֵר.** כָּל מִי שֶׁלֹּא אָמַר שְׁלֹשָׁה דְבָרִים אֵלּוּ בַּפֶּסַח לֹא יָצָא יְדֵי חוֹבָתוֹ. וְאֵלּוּ הֵן:

כל המסובים יאמרו ביחד:

## פֶּסַח מַצָּה וּמָרוֹר

כשיאמר **פסח** יסתכל בזרוע אבל לא יאחזנו בידו ויאמר:

פֶּסַח שֶׁהָיוּ אֲבוֹתֵינוּ אוֹכְלִים בִּזְמַן שֶׁבֵּית הַמִּקְדָּשׁ קַיָּם, עַל שׁוּם מָה. עַל שׁוּם שֶׁפָּסַח הַקָּדוֹשׁ בָּרוּךְ הוּא עַל בָּתֵּי אֲבוֹתֵינוּ בְּמִצְרַיִם

שֶׁנֶּאֱמַר. וַאֲמַרְתֶּם זֶבַח פֶּסַח הוּא לַיְהֹוָהיאהדונהי. אֲשֶׁר פָּסַח עַל בָּתֵּי בְּנֵי יִשְׂרָאֵל בְּמִצְרַיִם בְּנָגְפּוֹ אֶת מִצְרַיִם. וְאֶת בָּתֵּינוּ הִצִּיל. וַיִּקֹּד הָעָם וַיִּשְׁתַּחֲווּ:

יש מוסיפים פיוט זה:

אֱמוּנִים עִרְכוּ שֶׁבַח. לָאֵל וְטִבְחוּ טֶבַח.
וַאֲמַרְתֶּם זֶבַח פֶּסַח הוּא לַיְהֹוָהיאהדונהי:

הָרִימוּ קוֹל שִׁירִים. שִׂמְחוּ בְלֵיל שִׁמּוּרִים. עַל מַצּוֹת וּמְרוֹרִים. אִכְלוּ וּשְׁתוּ יֵינָי:
וַאֲמַרְתֶּם זֶבַח פֶּסַח הוּא לַיְהֹוָהיאהדונהי:

רִאשׁוֹן לְכָל רִאשׁוֹנִים. עַל יַד צִיר אֱמוּנִים. מִיַּד כָּל-מְעַנִּים. הִצִּיל כָּל-הֲמוֹנָי.
וַאֲמַרְתֶּם זֶבַח פֶּסַח הוּא לַיְהֹוָהיאהדונהי:

נִסֵּי אֵל זָכַרְתִּי. וַחֲסָדָיו סִפַּרְתִּי. עַתָּה יָדַעְתִּי. כִּי גָדוֹל יְהֹוָהיאהדונהי.
וַאֲמַרְתֶּם זֶבַח פֶּסַח הוּא לַיְהֹוָהיאהדונהי:

כְּכוֹכְבֵי הַשָּׁמַיִם. מְנַשֶּׁה וְאֶפְרַיִם. יָצְאוּ מִמִּצְרַיִם. כָּל צִבְאוֹת יְהֹוָהיאהדונהי.
וַאֲמַרְתֶּם זֶבַח פֶּסַח הוּא לַיְהֹוָהיאהדונהי:

הִנְחִיל תּוֹרָתוֹ. לְעַמּוֹ וַעֲדָתוֹ. שׁוֹמְרֵי מִצְוָתוֹ. עַם נוֹשַׁע בַּיְהֹוָהיאהדונהי.
וַאֲמַרְתֶּם זֶבַח פֶּסַח הוּא לַיְהֹוָהיאהדונהי:

נִפְלָאִים מַעֲשֶׂיךָ. וַעֲצוּמִים נִסֶּיךָ יֹאמְרוּ כָּל-חוֹסֶיךָ. טוֹב לַחֲסוֹת בַּיְהֹוָהיאהדונהי.
וַאֲמַרְתֶּם זֶבַח פֶּסַח הוּא לַיְהֹוָהיאהדונהי:

יגביה את המצה העליונה ויאמר - **מצה זו:**

מַצָּה זוֹ שֶׁאֲנַחְנוּ אוֹכְלִים עַל שׁוּם מָה. עַל שׁוּם שֶׁלֹּא הִסְפִּיק בְּצֵקָם שֶׁל אֲבוֹתֵינוּ לְהַחְמִיץ. עַד שֶׁנִּגְלָה עֲלֵיהֶם מֶלֶךְ מַלְכֵי הַמְּלָכִים הַקָּדוֹשׁ בָּרוּךְ הוּא וּגְאָלָם מִיָּד. שֶׁנֶּאֱמַר. וַיֹּאפוּ אֶת הַבָּצֵק אֲשֶׁר הוֹצִיאוּ מִמִּצְרַיִם עֻגֹת מַצּוֹת כִּי לֹא חָמֵץ. כִּי גֹרְשׁוּ

מִמִּצְרַיִם. וְלֹא יָכְלוּ לְהִתְמַהְמֵהַּ. וְגַם צֵדָה לֹא עָשׂוּ לָהֶם:

יאחז המרור בידו ויאמר - מרור זה:

מָרוֹר זֶה שֶׁאֲנַחְנוּ אוֹכְלִים עַל שׁוּם מָה. עַל שׁוּם שֶׁמֵּרְרוּ הַמִּצְרִיִּים אֶת חַיֵּי אֲבוֹתֵינוּ בְּמִצְרַיִם. שֶׁנֶּאֱמַר. וַיְמָרְרוּ אֶת חַיֵּיהֶם בַּעֲבֹדָה קָשָׁה. בְּחֹמֶר וּבִלְבֵנִים וּבְכָל עֲבֹדָה בַּשָּׂדֶה. אֵת כָּל-עֲבֹדָתָם אֲשֶׁר עָבְדוּ בָהֶם בְּפָרֶךְ:

בְּכָל דּוֹר וָדוֹר חַיָּב אָדָם לְהַרְאוֹת אֶת עַצְמוֹ כְּאִלּוּ הוּא יָצָא מִמִּצְרַיִם. שֶׁנֶּאֱמַר. וְהִגַּדְתָּ לְבִנְךָ בַּיּוֹם הַהוּא לֵאמֹר. בַּעֲבוּר זֶה עָשָׂה יְהֹוָהיאהדונהי לִי בְּצֵאתִי מִמִּצְרָיִם. שֶׁלֹּא אֶת אֲבוֹתֵינוּ בִּלְבַד גָּאַל הַקָּדוֹשׁ בָּרוּךְ הוּא. אֶלָּא אַף אוֹתָנוּ גָּאַל עִמָּהֶם. שֶׁנֶּאֱמַר. וְאוֹתָנוּ הוֹצִיא מִשָּׁם. לְמַעַן הָבִיא אוֹתָנוּ. לָתֶת לָנוּ אֶת הָאָרֶץ אֲשֶׁר נִשְׁבַּע לַאֲבוֹתֵינוּ:

יכסה את המצה **ולוקח את הכוס בידו** עד גאל ישראל ויאמר:

לְפִיכָךְ אֲנַחְנוּ חַיָּבִים. לְהוֹדוֹת. לְהַלֵּל. לְשַׁבֵּחַ. לְפָאֵר. לְרוֹמֵם. לְהַדֵּר וּלְקַלֵּס. לְמִי שֶׁעָשָׂה לַאֲבוֹתֵינוּ וְלָנוּ אֶת כָּל הַנִּסִּים הָאֵלּוּ הוֹצִיאָנוּ מֵעַבְדוּת לְחֵרוּת. וּמִשִּׁעְבּוּד לִגְאֻלָּה. וּמִיָּגוֹן לְשִׂמְחָה. וּמֵאֵבֶל לְיוֹם טוֹב וּמֵאֲפֵלָה לְאוֹר גָּדוֹל וְנֹאמַר לְפָנָיו הַלְלוּיָהּ:

הַלְלוּיָהּ הַלְלוּ עַבְדֵי יְהֹוָהיאהדונהי הַלְלוּ אֶת שֵׁם יְהֹוָהיאהדונהי: יְהִי שֵׁם יְהֹוָהיאהדונהי מְבֹרָךְ. מֵעַתָּה וְעַד עוֹלָם: מִמִּזְרַח שֶׁמֶשׁ עַד מְבוֹאוֹ. מְהֻלָּל שֵׁם יְהֹוָהיאהדונהי: רָם עַל כָּל גּוֹיִם יְהֹוָהיאהדונהי. עַל הַשָּׁמַיִם כְּבוֹדוֹ: מִי כַּיְהֹוָהיאהדונהי אֱלֹהֵינוּ. הַמַּגְבִּיהִי לָשָׁבֶת: הַמַּשְׁפִּילִי לִרְאוֹת. בַּשָּׁמַיִם וּבָאָרֶץ: מְקִימִי מֵעָפָר דָּל. מֵאַשְׁפֹּת יָרִים אֶבְיוֹן: לְהוֹשִׁיבִי עִם נְדִיבִים. עִם נְדִיבֵי עַמּוֹ: מוֹשִׁיבִי עֲקֶרֶת

הַבַּיִת אֵם-הַבָּנִים שְׂמֵחָה הַלְלוּיָהּ:

בְּצֵאת יִשְׂרָאֵל מִמִּצְרָיִם. בֵּית יַעֲקֹב מֵעַם לוֹעֵז: הָיְתָה יְהוּדָה לְקָדְשׁוֹ יִשְׂרָאֵל מַמְשְׁלוֹתָיו: הַיָּם רָאָה וַיָּנֹס הַיַּרְדֵּן יִסֹּב לְאָחוֹר: הֶהָרִים רָקְדוּ כְאֵילִים. גְּבָעוֹת כִּבְנֵי צֹאן: מַה לְּךָ הַיָּם כִּי תָנוּס הַיַּרְדֵּן תִּסֹּב לְאָחוֹר: הֶהָרִים תִּרְקְדוּ כְאֵלִים. גְּבָעוֹת כִּבְנֵי צֹאן: מִלִּפְנֵי אָדוֹן חוּלִי אָרֶץ. מִלִּפְנֵי אֱלוֹהַּ יַעֲקֹב: הַהֹפְכִי הַצּוּר אֲגַם מָיִם. חַלָּמִישׁ לְמַעְיְנוֹ מָיִם:

**בָּרוּךְ** אַתָּה יְהֹוָהיאהדונהי אֱלֹהֵינוּ מֶלֶךְ הָעוֹלָם, אֲשֶׁר גְּאָלָנוּ וְגָאַל אֶת אֲבוֹתֵינוּ מִמִּצְרַיִם. וְהִגִּיעָנוּ הַלַּיְלָה הַזֶּה. לֶאֱכָל בּוֹ מַצָּה וּמָרוֹר. כֵּן יְהֹוָהיאהדונהי אֱלֹהֵינוּ וֵאלֹהֵי אֲבוֹתֵינוּ הַגִּיעֵנוּ לְמוֹעֲדִים וְלִרְגָלִים אֲחֵרִים הַבָּאִים לִקְרָאתֵנוּ לְשָׁלוֹם. שְׂמֵחִים בְּבִנְיַן עִירָךְ. וְשָׂשִׂים בַּעֲבוֹדָתָךְ. וְנֹאכַל שָׁם מִן הַזְּבָחִים וּמִן הַפְּסָחִים אֲשֶׁר יַגִּיעַ דָּמָם עַל קִיר מִזְבַּחֲךָ לְרָצוֹן. וְנוֹדֶה לְךָ שִׁיר חָדָשׁ עַל גְּאֻלָּתֵנוּ וְעַל פְּדוּת נַפְשֵׁנוּ.

**בָּרוּךְ** אַתָּה יְהֹוָהיאהדונהי גָּאַל יִשְׂרָאֵל:

**<u>כוס שני</u>**

הספרדים לא מברכים על כוס זה בורא פרי הגפן, והאשכנזים כן מברכים.
וְיִשְׁתֶּה אֶת הַכּוֹס בְּהֲסִבָּה:

בָּרוּךְ אַתָּה יְהֹוָהיאהדונהי אֱלֹהֵינוּ מֶלֶךְ הָעוֹלָם,
בּוֹרֵא פְּרִי הַגֶּפֶן. על יין של ארץ ישראל אומר: פְּרִי גַפְנָהּ.

# רחצה

ייטול[14] את ידיו בנטילת ידיים, לאכילת מצה כמו שנוטלים ידים לפת, ויברך:

**בָּרוּךְ** אַתָּה יְהֹוָהיאהדונהי אֱלֹהֵינוּ מֶלֶךְ הָעוֹלָם, אֲשֶׁר קִדְּשָׁנוּ בְּמִצְוֹתָיו, וְצִוָּנוּ עַל נְטִילַת יָדַיִם:

# מוציא

אחרי נטילת ידיים, ייקח שלשת המצות בידו, כסדר שהניחם, הפרוסה בין שתי השלמות, ויברך:

בָּרוּךְ אַתָּה יְהֹוָהיאהדונהי, אֱלֹהֵינוּ מֶלֶךְ הָעוֹלָם, הַמּוֹצִיא לֶחֶם מִן הָאָרֶץ:

---

[14] **בן איש חי ש"א פרשת שמיני א'** - אף על פי ששיעור נטילת ידים ברביעית, יזהר ליטול בשופע, ואותם אנשים בורים שנוטלין ואין נוטלין כראוי עונשם יותר מרובה מאותם שאינם נוטלין כלל, חדא הנה הם אוכלים בלא נטילת ידים כיון דאין נוטלים נטילה ראויה כפי הדין, והשני שמברכים ברכה לבטלה, והשלישי ריב לה' עמהם - מאחר דנוטלין למה אין נוטלין כראוי, מה הפסד יש בזה, ומה עול כבד יש להם בזה, אין זה אלא רוע לב. על כן איש הירא יזהר ויזהיר אחרים בזה לעשות המצוה כתיקונה, וכמו שכתוב בחסד לאלפים סימן קנ"ח יעוין שם. אך אף על פי דאוכל כזית חייב בנטילת ידים....

**בן איש חי ש"א פרשת שמיני ד'** - כשנוטל יקח הכלי ביד ימין וימסרנו ליד שמאל, כדי להכניע השמאל כעבד הנכנס לשרת את אדונו, ואז תשפוך יד השמאל על הימין שלש פעמים בזה אחר זה, ותניח הכלי בארץ והימין תקחנו מאליה מעל הארץ ותשפוך ממנו על ידי שמאל שלש פעמים בזה אחר זה, ואחר כך ישפשף הימין שלש פעמים בזה אחר זה, ויחזור וישפשף השמאל גם כן שלש פעמים בזה אחר זה....

**בן איש חי ש"א פרשת שמיני ה'** - אחר נטילת ידים ושפשוף, יגביה ידיו עד כנגד ראשו ...... וכאשר יגביה ידיו עד כנגד ראשו אז תכף ומיד יברך על נטילת ידים, כדי שלא תהיה הגבהת ידיו לבטלה, כנזכר בזוהר הקדוש [בלק דף קצה ע"ב] שאסור להגביה ידיו בריקנייא, ואחר ברכת על נטילת ידים בעוד ידיו זקופים יפשוט ידיו לקבל שפע וברכה....

**בן איש חי ש"א פרשת שמיני ז'** - יברך על נטילת ידים אחר הנטילה קודם הניגוב...

**בן איש חי ש"א פרשת שמיני ח'** - ינגב ידיו היטב קודם שיבצע, שהאוכל בלא ניגוב ידים כאלו אוכל לחם טמא....ולא ינגב ידיו בחלוקו דקשה לשכחה.

יניח המצה התחתונה מידו, ויישארו בידו העליונה והפרוסה, ויברך:

# מצה

בָּרוּךְ אַתָּה יְהֹוָהיאהדונהי, אֱלֹהֵינוּ מֶלֶךְ הָעוֹלָם, אֲשֶׁר קִדְּשָׁנוּ בְּמִצְוֹתָיו, וְצִוָּנוּ עַל אֲכִילַת מַצָּה:

יבצע שתי כזיתות [28 גרם כל אחת] משתיהן יחד, ויטבלם במלח, ויאכלם בהסבה ויזהר שלא ידבר בדברים חיצונים בין אכילת מצה לאכילת הכורך.

# מרור

ייקח כזית [28 גרם] מרור ויטבל אותו בחרוסת, וינער מעט מהחרוסת שעליו כדי שיישאר בו קצת מרירות. ויברך:

בָּרוּךְ אַתָּה יְהֹוָהיאהדונהי אֱלֹהֵינוּ מֶלֶךְ הָעוֹלָם, אֲשֶׁר קִדְּשָׁנוּ בְּמִצְוֹתָיו, וְצִוָּנוּ עַל אֲכִילַת מָרוֹר: ויאכלנו בלי הסבה.

# כורך

ייקח מצה השלישית ויבצע ממנה כזית [28 גרם], ויקח כזית מרור [28 גרם] ויכרוך שניהם יחד ויטבלם בחרוסת ויאמר:

מַצָּה וּמָרוֹר בְּלֹא בְרָכָה. זֵכֶר לַמִּקְדָּשׁ. בְּיָמֵינוּ יְחֻדַּשׁ. כְּהִלֵּל הַזָּקֵן שֶׁהָיָה כּוֹרְכָן וְאוֹכְלָן בְּבַת אַחַת. לְקַיֵּם מַה שֶּׁנֶּאֱמַר עַל מַצּוֹת וּמְרוֹרִים יֹאכְלוּהוּ: ויאכלנו בהסבה.

# שולחן עורך

יאכל סעודתו בשמחה, ולא ישבע הרבה כדי שיוכל לאכול אפיקומן בתאבון.

יאכל ביצה, וקודם שיאכלה יאמר:

## זֵכֶר לְקָרְבַּן חֲגִיגָה.

# צפון

אחר שגמר סעודתו יקח חצי המצה ששמר לאפיקומן, ויאכל ממנו שתי כזיתות [כל אחת 28 גרם] בהסבה. ואם הוא חלש וקשה עליו לאכול שתי כזיתות, יאכל רק כזית אחת, ויאכל אותו במקום אחד ולא בשני מקומות ויזהר לאכלו קודם חצות, ולא יאכל שום דבר אחריו וקודם שיאכלנו יאמר:

## זֵכֶר לְקָרְבַּן פֶּסַח הַנֶּאֱכָל עַל הַשֹּׂבַע:

# ברך

יטול מים אחרונים, ויאחז בידו כוס שלישי ויברך ברכת המזון וקודם שיברך, כשיטול מים אחרונים יכוין ר"ת. **ואחר כך יאמר:**

וּכְשֶׁיִּטֹּל[15] יֹאמַר בְּפִיו שְׁלֹשָׁה מִלּוֹת אֵלּוּ

מַיִם אַחֲרוֹנִים חוֹבָה

זֶה חֵלֶק אָדָם רָשָׁע מֵאֱלֹהִים

רָאשֵׁי תֵּבוֹת

אַחֵ"ר

---

15

**בן איש חי ש"א שלח לך ט'** – כתבו האחרונים בשם המקובלים ז"ל, כשנוטל מים אחרונים יאמר, **זה חלק אדם רשע מאלהים**, ויכוין חלק אדם רשע ראשי תיבות **אח"ר** דהוא הסטרא אחרא ועיין כף החיים, וכתבתי בסה"ק מקבציאל, דהנוהג בזה יאמר דברים אלו בלחש, והמשכיל יבין.

הגדה של פסח - שמחות וחיים

א. לַמְנַצֵּחַ בִּנְגִינֹת מִזְמוֹר שִׁיר. ב אֱלֹהִים יְחָנֵּנוּ וִיבָרְכֵנוּ יָאֵר פָּנָיו אִתָּנוּ
סֶלָה. ג לָדַעַת בָּאָרֶץ דַּרְכֶּךָ בְּכָל גּוֹיִם יְשׁוּעָתֶךָ. ד יוֹדוּךָ עַמִּים אֱלֹהִים
יוֹדוּךָ עַמִּים כֻּלָּם. ה יִשְׂמְחוּ וִירַנְּנוּ לְאֻמִּים כִּי תִשְׁפֹּט עַמִּים מִישׁוֹר וּלְאֻמִּים
בָּאָרֶץ תַּנְחֵם סֶלָה. ו יוֹדוּךָ עַמִּים אֱלֹהִים יוֹדוּךָ עַמִּים כֻּלָּם. ז אֶרֶץ נָתְנָה
יְבוּלָהּ יְבָרְכֵנוּ אֱלֹהִים אֱלֹהֵינוּ. ח יְבָרְכֵנוּ אֱלֹהִים וְיִירְאוּ אֹתוֹ כָּל אַפְסֵי
אָרֶץ:

שויתי **יהוה** לנגדי

יאהדונהי תמיד אידהנויה

לַמְנַ צֵּחַבִּ נְגִי נֹ תמִזְ מוֹר שִׁיר

יְבָרְכֵנוּ אֱלֹהִים וְיִירְאוּ אֹתוֹ כָּל אַפְסֵי אָרֶץ

אֶרֶץ נָתְנָה יְבוּלָהּ יְבָרְכֵנוּ אֱלֹהִים אֱלֹהֵינוּ

יוֹדוּךָ עַמִּים אֱלֹהִים יוֹדוּךָ עַמִּים כֻּלָּם

יִשְׂמְחוּ וִירַנְּנוּ לְאֻמִּים כִּי תִשְׁפֹּט עַמִּים מִישׁוֹר וּלְאֻמִּים

יוֹדוּךָ עַמִּים אֱלֹהִים יוֹדוּךָ עַמִּים כֻּלָּם

לָדַעַת בָּאָרֶץ דַּרְכֶּךָ בְּכָל גּוֹיִם יְשׁוּעָתֶךָ

אֱלֹהִים יְחָנֵּנוּ וִיבָרְכֵנוּ יָאֵר פָּנָיו אִתָּנוּ סֶלָה

בָּאָרֶץ תַּנְחֵם סֶלָה

אֲבָרְכָה אֶת יְהֹוָהיאהדונהי בְּכָל עֵת תָּמִיד תְּהִלָּתוֹ בְּפִי: סוֹף דָּבָר הַכֹּל נִשְׁמָע
אֶת הָאֱלֹהִים יְרָא וְאֶת מִצְוֹתָיו שְׁמוֹר כִּי זֶה כָּל הָאָדָם: תְּהִלַּת יְהֹוָהיאהדונהי

יְדַבֵּר פִּי וִיבָרֵךְ כָּל בָּשָׂר שֵׁם קָדְשׁוֹ לְעוֹלָם וָעֶד: וַאֲנַחְנוּ נְבָרֵךְ יָהּ מֵעַתָּה וְעַד עוֹלָם הַלְלוּיָהּ:

## וַיְדַבֵּר אֵלַי זֶה הַשֻּׁלְחָן אֲשֶׁר לִפְנֵי יְהֹוָהיאהדונהי

# נה"ר

אִם הֵם שְׁלוֹשָׁה וְיוֹתֵר אוֹמֵר הַמְזַמֵּן: הַב לָן וְנִבְרִיךְ לְמַלְכָּא עִלָּאָה קַדִּישָׁא.
הַמְסֻבִּים עוֹנִים: שָׁמַיִם.

אוֹמֵר הַמְזַמֵּן: בִּרְשׁוּת מַלְכָּא עִלָּאָה קַדִּישָׁא, וּבִרְשׁוּת יוֹמָא טָבָא קַדִּישָׁא [בְּשַׁבָּת: וּבִרְשׁוּת שַׁבָּת מַלְכְּתָא] וּבִרְשׁוּת מוֹרַי וְרַבּוֹתַי, וּבִרְשׁוּתְכֶם, נְבָרֵךְ [אִם הֵם עֲשָׂרָה אוֹ יוֹתֵר אוֹמֵר הַמְזַמֵּן אֱלֹהֵינוּ] שֶׁאָכַלְנוּ מִשֶּׁלוֹ.

הַמְסֻבִּים עוֹנִים: בָּרוּךְ [אִם הֵם עֲשָׂרָה אוֹ יוֹתֵר הַמְסֻבִּים עוֹנִים אֱלֹהֵינוּ] שֶׁאָכַלְנוּ מִשֶּׁלוֹ וּבְטוּבוֹ חָיִינוּ.

וְחוֹזֵר וְהַמְזַמֵּן: בָּרוּךְ [אִם הֵם עֲשָׂרָה אוֹ יוֹתֵר הַמְסֻבִּים עוֹנִים אֱלֹהֵינוּ] שֶׁאָכַלְנוּ מִשֶּׁלוֹ וּבְטוּבוֹ חָיִינוּ.

בָּרוּךְ אַתָּה יְהֹוָהיאהדונהי אֱלֹהֵינוּ מֶלֶךְ הָעוֹלָם, הָאֵל הַזָּן אוֹתָנוּ וְאֶת הָעוֹלָם כֻּלּוֹ בְּטוּבוֹ, בְּחֵן בְּחֶסֶד בְּרֵיוַח וּבְרַחֲמִים רַבִּים, נֹתֵן לֶחֶם לְכָל בָּשָׂר. כִּי לְעוֹלָם חַסְדּוֹ: וּבְטוּבוֹ הַגָּדוֹל, תָּמִיד לֹא חָסַר לָנוּ, וְאַל יֶחְסַר לָנוּ מָזוֹן תָּמִיד לְעוֹלָם וָעֶד. כִּי הוּא אֵל זָן וּמְפַרְנֵס לַכֹּל, וְשֻׁלְחָנוֹ עָרוּךְ לַכֹּל, וְהִתְקִין מִחְיָה וּמָזוֹן לְכָל בְּרִיּוֹתָיו אֲשֶׁר בָּרָא בְרַחֲמָיו וּבְרוֹב חֲסָדָיו, כָּאָמוּר:

# פּוֹתֵחַ אֶת יָדֶךָ

ראשי תיבות
פא"י יאהדונה"י סא"ל
סופי תיבות
חת"ך

## וּמַשְׂבִּיעַ לְכָל חַי רָצוֹן
רחל

בָּרוּךְ אַתָּה יְהֹוָהיאהדונהי הַזָּן אֶת הַכֹּל:

נוֹדֶה לְךָ יְהֹוָהיאהדונהי אֱלֹהֵינוּ, עַל שֶׁהִנְחַלְתָּ לַאֲבוֹתֵינוּ אֶרֶץ חֶמְדָּה טוֹבָה וּרְחָבָה, בְּרִית וְתוֹרָה, חַיִּים וּמָזוֹן. עַל שֶׁהוֹצֵאתָנוּ מֵאֶרֶץ מִצְרַיִם, וּפְדִיתָנוּ מִבֵּית עֲבָדִים. וְעַל בְּרִיתְךָ שֶׁחָתַמְתָּ בִּבְשָׂרֵנוּ. וְעַל תּוֹרָתְךָ שֶׁלִּמַּדְתָּנוּ. וְעַל חֻקֵּי רְצוֹנָךְ שֶׁהוֹדַעְתָּנוּ. וְעַל חַיִּים וּמָזוֹן שֶׁאַתָּה זָן וּמְפַרְנֵס אוֹתָנוּ. עַל הַכֹּל יְהֹוָהיאהדונהי אֱלֹהֵינוּ אֲנַחְנוּ מוֹדִים לָךְ וּמְבָרְכִים אֶת שְׁמָךְ כָּאָמוּר וְאָכַלְתָּ וְשָׂבָעְתָּ. וּבֵרַכְתָּ אֶת יְהֹוָהיאהדונהי אֱלֹהֶיךָ עַל הָאָרֶץ הַטּוֹבָה אֲשֶׁר נָתַן לָךְ: בָּרוּךְ אַתָּה יְהֹוָהיאהדונהי עַל הָאָרֶץ וְעַל הַמָּזוֹן:

רַחֵם יְהֹוָהיאהדונהי אֱלֹהֵינוּ עָלֵינוּ וְעַל יִשְׂרָאֵל עַמָּךְ. וְעַל יְרוּשָׁלַיִם עִירָךְ. וְעַל הַר צִיּוֹן מִשְׁכַּן כְּבוֹדָךְ וְעַל הֵיכָלָךְ. וְעַל מְעוֹנָךְ. וְעַל דְּבִירָךְ. וְעַל הַבַּיִת הַגָּדוֹל וְהַקָּדוֹשׁ

שֶׁנִּקְרָא שִׁמְךָ עָלָיו. אָבִינוּ רְעֵנוּ זוּנֵנוּ. פַּרְנְסֵנוּ כַּלְכְּלֵנוּ. הַרְוִיחֵנוּ הַרְוַח לָנוּ מְהֵרָה מִכָּל צָרוֹתֵינוּ. וְנָא אַל תַּצְרִיכֵנוּ יְהֹוָהיאהדונהי אֱלֹהֵינוּ לִידֵי מַתְּנוֹת בָּשָׂר וָדָם. וְלֹא לִידֵי הַלְוָאָתָם. אֶלָּא לְיָדְךָ הַמְּלֵאָה וְהָרְחָבָה. הָעֲשִׁירָה וְהַפְּתוּחָה. יְהִי רָצוֹן שֶׁלֹּא נֵבוֹשׁ בָּעוֹלָם הַזֶּה. וְלֹא נִכָּלֵם לָעוֹלָם הַבָּא. וּמַלְכוּת בֵּית דָּוִד מְשִׁיחָךְ תַּחֲזִירֶנָּה לִמְקוֹמָהּ בִּמְהֵרָה בְיָמֵינוּ:

בְּשַׁבָּת: רְצֵה וְהַחֲלִיצֵנוּ יְהֹוָהיאהדונהי אֱלֹהֵינוּ בְּמִצְוֹתֶיךָ וּבְמִצְוַת יוֹם הַשְּׁבִיעִי. הַשַּׁבָּת הַגָּדוֹל וְהַקָּדוֹשׁ הַזֶּה כִּי יוֹם גָּדוֹל וְקָדוֹשׁ הוּא מִלְּפָנֶיךָ. נִשְׁבּוֹת בּוֹ וְנָנוּחַ בּוֹ וְנִתְעַנֵּג בּוֹ כְּמִצְוַת חֻקֵּי רְצוֹנָךְ. וְאַל תְּהִי צָרָה וְיָגוֹן בְּיוֹם מְנוּחָתֵנוּ. וְהַרְאֵנוּ בְּנֶחָמַת צִיּוֹן בִּמְהֵרָה בְיָמֵינוּ. כִּי אַתָּה הוּא בַּעַל הַנֶּחָמוֹת וַהֲגַם שֶׁאָכַלְנוּ וְשָׁתִינוּ חָרְבַּן בֵּיתְךָ הַגָּדוֹל וְהַקָּדוֹשׁ לֹא שָׁכַחְנוּ. אַל תִּשְׁכָּחֵנוּ לָנֶצַח וְאַל תִּזְנָחֵנוּ לָעַד כִּי אֵל מֶלֶךְ גָּדוֹל וְקָדוֹשׁ אָתָּה:

אֱלֹהֵינוּ וֵאלֹהֵי אֲבוֹתֵינוּ יַעֲלֶה וְיָבֹא וְיַגִּיעַ וְיֵרָאֶה וְיֵרָצֶה וְיִשָּׁמַע וְיִפָּקֵד וְיִזָּכֵר זִכְרוֹנֵנוּ וְזִכְרוֹן אֲבוֹתֵינוּ. זִכְרוֹן יְרוּשָׁלַיִם עִירָךְ. וְזִכְרוֹן מָשִׁיחַ בֶּן דָּוִד עַבְדָּךְ. וְזִכְרוֹן כָּל עַמְּךָ בֵּית יִשְׂרָאֵל לְפָנֶיךָ לִפְלֵיטָה לְטוֹבָה. לְחֵן לְחֶסֶד וּלְרַחֲמִים. לְחַיִּים טוֹבִים וּלְשָׁלוֹם. בְּיוֹם חַג הַמַּצּוֹת הַזֶּה בְּיוֹם טוֹב מִקְרָא קֹדֶשׁ הַזֶּה. לְרַחֵם בּוֹ עָלֵינוּ וּלְהוֹשִׁיעֵנוּ. זָכְרֵנוּ יְהֹוָה אֱלֹהֵינוּ בּוֹ לְטוֹבָה. וּפָקְדֵנוּ בּוֹ לִבְרָכָה. וְהוֹשִׁיעֵנוּ בוֹ לְחַיִּים טוֹבִים. בִּדְבַר יְשׁוּעָה וְרַחֲמִים. חוּס וְחָנֵּנוּ וַחֲמוֹל וְרַחֵם עָלֵינוּ. וְהוֹשִׁיעֵנוּ כִּי אֵלֶיךָ עֵינֵינוּ. כִּי אֵל מֶלֶךְ חַנּוּן וְרַחוּם אָתָּה:

וְתִבְנֶה יְרוּשָׁלַיִם עִירָךְ בִּמְהֵרָה בְיָמֵינוּ. בָּרוּךְ אַתָּה יְהֹוָהיאהדונהי בּוֹנֵה יְרוּשָׁלָיִם. [וְאוֹמֵר בְּלַחַשׁ] אָמֵן:

בָּרוּךְ אַתָּה יְהֹוָהיאהדונהי אֱלֹהֵינוּ מֶלֶךְ הָעוֹלָם לָעַד, הָאֵל אָבִינוּ מַלְכֵּנוּ אַדִּירֵנוּ. בּוֹרְאֵנוּ. גּוֹאֲלֵנוּ. קְדוֹשֵׁנוּ. קְדוֹשׁ יַעֲקֹב. רוֹעֵנוּ רוֹעֵה יִשְׂרָאֵל. הַמֶּלֶךְ הַטּוֹב וְהַמֵּטִיב לַכֹּל. שֶׁבְּכָל יוֹם וָיוֹם הוּא הֵטִיב לָנוּ. הוּא מֵטִיב לָנוּ. הוּא יֵיטִיב לָנוּ. הוּא גְמָלָנוּ. הוּא גוֹמְלֵנוּ. הוּא יִגְמְלֵנוּ לָעַד חֵן וָחֶסֶד וְרַחֲמִים וְרֵיוַח וְהַצָּלָה וְכָל טוֹב:

הָרַחֲמָן הוּא יִשְׁתַּבַּח עַל כִּסֵּא כְבוֹדוֹ.

הָרַחֲמָן הוּא יִשְׁתַּבַּח בַּשָּׁמַיִם וּבָאָרֶץ.

הָרַחֲמָן הוּא יִשְׁתַּבַּח בָּנוּ לְדוֹר דּוֹרִים.

הָרַחֲמָן הוּא קֶרֶן לְעַמּוֹ יָרִים.

הָרַחֲמָן הוּא יִתְפָּאַר בָּנוּ לָנֶצַח נְצָחִים.

הָרַחֲמָן הוּא יְפַרְנְסֵנוּ בְּכָבוֹד וְלֹא בְבִזּוּי, בְּהֶתֵּר וְלֹא בְאִסּוּר, בְּנַחַת וְלֹא בְצַעַר.

הָרַחֲמָן הוּא יִתֵּן שָׁלוֹם בֵּינֵינוּ.

הָרַחֲמָן הוּא יִשְׁלַח בְּרָכָה רְוָחָה וְהַצְלָחָה בְּכָל מַעֲשֵׂה יָדֵינוּ.

הָרַחֲמָן הוּא יַצְלִיחַ אֶת דְּרָכֵינוּ.

הָרַחֲמָן הוּא יִשְׁבּוֹר עֹל גָּלוּת מְהֵרָה מֵעַל צַוָּארֵנוּ.

הָרַחֲמָן הוּא יוֹלִיכֵנוּ מְהֵרָה קוֹמְמִיּוּת בְּאַרְצֵנוּ.

הָרַחֲמָן הוּא יִרְפָּאֵנוּ רְפוּאָה שְׁלֵמָה רְפוּאַת הַנֶּפֶשׁ וּרְפוּאַת הַגּוּף.

הָרַחֲמָן הוּא יִפְתַּח לָנוּ אֶת יָדוֹ הָרְחָבָה.

הָרַחֲמָן הוּא יְבָרֵךְ כָּל אֶחָד וְאֶחָד מִמֶּנּוּ בִּשְׁמוֹ הַגָּדוֹל כְּמוֹ שֶׁנִּתְבָּרְכוּ אֲבוֹתֵינוּ אַבְרָהָם יִצְחָק וְיַעֲקֹב בַּכֹּל מִכֹּל כֹּל. כֵּן יְבָרֵךְ אוֹתָנוּ יַחַד בְּרָכָה שְׁלֵמָה. וְכֵן יְהִי רָצוֹן וְנֹאמַר אָמֵן.

הָרַחֲמָן הוּא יִפְרוֹשׂ עָלֵינוּ סֻכַּת שְׁלוֹמוֹ:

בְּשַׁבָּת: הָרַחֲמָן הוּא יַנְחִילֵנוּ עוֹלָם שֶׁכֻּלּוֹ שַׁבָּת וּמְנוּחָה לְחַיֵּי הָעוֹלָמִים:

## הָרַחֲמָן הוּא יַנְחִילֵנוּ יוֹם שֶׁכֻּלּוֹ טוֹב:

הָרַחֲמָן הוּא יְחַיֵּינוּ וִיזַכֵּנוּ וִיקָרְבֵנוּ לִימוֹת הַמָּשִׁיחַ וּלְבִנְיַן בֵּית הַמִּקְדָּשׁ וּלְחַיֵּי הָעוֹלָם הַבָּא.

מִגְדּוֹל יְשׁוּעוֹת מַלְכּוֹ. וְעֹשֶׂה חֶסֶד לִמְשִׁיחוֹ לְדָוִד וּלְזַרְעוֹ עַד עוֹלָם: כְּפִירִים רָשׁוּ וְרָעֵבוּ. וְדוֹרְשֵׁי יְהֹוָה לֹא יַחְסְרוּ כָל טוֹב: נַעַר הָיִיתִי גַּם זָקַנְתִּי וְלֹא רָאִיתִי צַדִּיק נֶעֱזָב. וְזַרְעוֹ מְבַקֶּשׁ לָחֶם: כָּל הַיּוֹם חוֹנֵן וּמַלְוֶה וְזַרְעוֹ לִבְרָכָה: מַה שֶּׁאָכַלְנוּ יִהְיֶה לְשָׂבְעָה. וּמַה שֶּׁשָּׁתִינוּ יִהְיֶה לִרְפוּאָה. וּמַה שֶּׁהוֹתַרְנוּ יִהְיֶה לִבְרָכָה כְּדִכְתִיב וַיִּתֵּן לִפְנֵיהֶם וַיֹּאכְלוּ

וַיּוֹתִרוּ כִּדְבַר יְהֹוָהיאהדונהי: בְּרוּכִים אַתֶּם לַיהֹוָה. עוֹשֵׂה שָׁמַיִם וָאָרֶץ: בָּרוּךְ הַגֶּבֶר אֲשֶׁר יִבְטַח בַּיְהֹוָהיאהדונהי. וְהָיָה יְהֹוָהיאהדונהי מִבְטָחוֹ: יְהֹוָהיאהדונהי עֹז לְעַמּוֹ יִתֵּן. יְהֹוָהיאהדונהי יְבָרֵךְ אֶת עַמּוֹ בַשָּׁלוֹם:

עוֹשֶׂה שָׁלוֹם בִּמְרוֹמָיו הוּא בְרַחֲמָיו יַעֲשֶׂה שָׁלוֹם עָלֵינוּ וְעַל כָּל עַמּוֹ יִשְׂרָאֵל וְאִמְרוּ אָמֵן:

**כוס שלישי**

יברך בורא פרי הגפן על, ויכון לפטור בברכה זו גם כוס רביעי, וישתה בהסבה, ולא יברך אחריו ברכה אחרונה.

כּוֹס יְשׁוּעוֹת אֶשָּׂא. וּבְשֵׁם יְהֹוָהיאהדונהי אֶקְרָא:

סַבְרִי מָרָנָן:

הַמְּסֻבִּים עוֹנִים: לְחַיִּים

בָּרוּךְ אַתָּה יְהֹוָהיאהדונהי אֱלֹהֵינוּ מֶלֶךְ הָעוֹלָם, בּוֹרֵא פְּרִי הַגֶּפֶן.

וְיִשְׁתֶּה אֶת הַכּוֹס בְּהַסָּבָה:

# הלל

יִמְזְגוּ לוֹ כּוֹס רְבִיעִי וְיִקְרָא עָלָיו אֶת הַהַלֵּל הַגָּדוֹל:

שְׁפֹךְ חֲמָתְךָ אֶל הַגּוֹיִם אֲשֶׁר לֹא יְדָעוּךָ. וְעַל מַמְלָכוֹת. אֲשֶׁר בְּשִׁמְךָ לֹא קָרָאוּ: כִּי אָכַל אֶת יַעֲקֹב. וְאֶת נָוֵהוּ הֵשַׁמּוּ:

שְׁפָךְ עֲלֵיהֶם זַעְמֶךָ וַחֲרוֹן אַפְּךָ יַשִּׂיגֵם: תִּרְדֹּף בְּאַף וְתַשְׁמִידֵם מִתַּחַת שְׁמֵי יְהֹוָהיאהדונהי:

לֹא לָנוּ יְהֹוָהיאהדונהי לֹא לָנוּ כִּי לְשִׁמְךָ תֵּן כָּבוֹד. עַל חַסְדְּךָ עַל אֲמִתֶּךָ: לָמָּה יֹאמְרוּ הַגּוֹיִם. אַיֵּה נָא אֱלֹהֵיהֶם: וֵאלֹהֵינוּ בַשָּׁמָיִם. כֹּל אֲשֶׁר חָפֵץ עָשָׂה: עֲצַבֵּיהֶם כֶּסֶף וְזָהָב. מַעֲשֵׂה יְדֵי אָדָם: פֶּה לָהֶם וְלֹא יְדַבֵּרוּ. עֵינַיִם לָהֶם וְלֹא יִרְאוּ: אָזְנַיִם לָהֶם וְלֹא יִשְׁמָעוּ. אַף לָהֶם וְלֹא יְרִיחוּן: יְדֵיהֶם וְלֹא יְמִישׁוּן רַגְלֵיהֶם וְלֹא יְהַלֵּכוּ. לֹא יֶהְגּוּ בִּגְרוֹנָם: כְּמוֹהֶם יִהְיוּ עֹשֵׂיהֶם. כֹּל אֲשֶׁר בֹּטֵחַ בָּהֶם: יִשְׂרָאֵל בְּטַח בַּיְהֹוָהיאהדונהי עֶזְרָם וּמָגִנָּם הוּא: בֵּית אַהֲרֹן בִּטְחוּ בַיְהֹוָהיאהדונהי עֶזְרָם וּמָגִנָּם הוּא: יִרְאֵי יְהֹוָהיאהדונהי בִּטְחוּ בַיְהֹוָהיאהדונהי עֶזְרָם וּמָגִנָּם הוּא:

יְהֹוָהיאהדונהי זְכָרָנוּ יְבָרֵךְ יְבָרֵךְ אֶת בֵּית יִשְׂרָאֵל: יְבָרֵךְ אֶת בֵּית אַהֲרֹן: יְבָרֵךְ יִרְאֵי יְהֹוָהיאהדונהי הַקְּטַנִּים עִם הַגְּדֹלִים: יֹסֵף יְהֹוָה עֲלֵיכֶם. עֲלֵיכֶם וְעַל בְּנֵיכֶם: בְּרוּכִים אַתֶּם לַיְהֹוָהיאהדונהי עֹשֵׂה שָׁמַיִם וָאָרֶץ: הַשָּׁמַיִם שָׁמַיִם לַיְהֹוָהיאהדונהי וְהָאָרֶץ נָתַן לִבְנֵי אָדָם: לֹא הַמֵּתִים יְהַלְלוּ יָהּ. וְלֹא כָּל יֹרְדֵי דוּמָה: וַאֲנַחְנוּ נְבָרֵךְ יָהּ מֵעַתָּה וְעַד עוֹלָם הַלְלוּיָהּ:

הגדה של פסח – שמות חיים

אָהַבְתִּי כִּי יִשְׁמַע יְהֹוָהיאהדונהי אֶת קוֹלִי תַּחֲנוּנָי: כִּי הִטָּה אָזְנוֹ לִי. וּבְיָמַי אֶקְרָא: אֲפָפוּנִי חֶבְלֵי מָוֶת וּמְצָרֵי שְׁאוֹל מְצָאוּנִי. צָרָה וְיָגוֹן אֶמְצָא: וּבְשֵׁם יְהֹוָהיאהדונהי אֶקְרָא. אָנָּה יְהֹוָהיאהדונהי מַלְּטָה נַפְשִׁי: חַנּוּן יְהֹוָהיאהדונהי וְצַדִּיק. וֵאלֹהֵינוּ מְרַחֵם: שֹׁמֵר פְּתָאִים יְהֹוָהיאהדונהי דַּלּוֹתִי וְלִי יְהוֹשִׁיעַ: שׁוּבִי נַפְשִׁי לִמְנוּחָיְכִי. כִּי יְהֹוָהיאהדונהי גָּמַל עָלָיְכִי: כִּי חִלַּצְתָּ נַפְשִׁי מִמָּוֶת אֶת עֵינִי מִן דִּמְעָה. אֶת רַגְלִי מִדֶּחִי: אֶתְהַלֵּךְ לִפְנֵי יְהֹוָהיאהדונהי בְּאַרְצוֹת הַחַיִּים: הֶאֱמַנְתִּי כִּי אֲדַבֵּר. אֲנִי עָנִיתִי מְאֹד: אֲנִי אָמַרְתִּי בְחָפְזִי. כָּל הָאָדָם כֹּזֵב:

מָה אָשִׁיב לַיְהֹוָהיאהדונהי כָּל תַּגְמוּלוֹהִי עָלָי: כּוֹס יְשׁוּעוֹת אֶשָּׂא. וּבְשֵׁם יְהֹוָהיאהדונהי אֶקְרָא: נְדָרַי לַיְהֹוָהיאהדונהי אֲשַׁלֵּם. נֶגְדָה נָּא לְכָל עַמּוֹ: יָקָר בְּעֵינֵי יְהֹוָהיאהדונהי הַמָּוְתָה לַחֲסִידָיו: אָנָּה יְהֹוָהיאהדונהי כִּי אֲנִי עַבְדֶּךָ אֲנִי עַבְדְּךָ בֶּן אֲמָתֶךָ. פִּתַּחְתָּ לְמוֹסֵרָי: לְךָ אֶזְבַּח זֶבַח תּוֹדָה וּבְשֵׁם יְהֹוָהיאהדונהי אֶקְרָא: נְדָרַי לַיְהֹוָהיאהדונהי אֲשַׁלֵּם. נֶגְדָה נָּא לְכָל עַמּוֹ: בְּחַצְרוֹת בֵּית יְהֹוָהיאהדונהי בְּתוֹכֵכִי יְרוּשָׁלָיִם הַלְלוּיָהּ:

הַלְלוּ אֶת יְהֹוָהיאהדונהי כָּל גּוֹיִם. שַׁבְּחוּהוּ כָּל הָאֻמִּים: כִּי גָבַר עָלֵינוּ חַסְדּוֹ וֶאֱמֶת יְהֹוָהיאהדונהי לְעוֹלָם הַלְלוּיָהּ:

הוֹדוּ לַיְהֹוָהיאהדונהי כִּי טוֹב. כִּי לְעוֹלָם חַסְדּוֹ:

יֹאמַר נָא יִשְׂרָאֵל. כִּי לְעוֹלָם חַסְדּוֹ:

יֹאמְרוּ נָא בֵית אַהֲרֹן. כִּי לְעוֹלָם חַסְדּוֹ:

יֹאמְרוּ נָא יִרְאֵי יְהֹוָהיאהדונהי. כִּי לְעוֹלָם חַסְדּוֹ:

מִן הַמֵּצַר קָרָאתִי יָּהּ. עָנָנִי בַמֶּרְחַב יָהּ: יְהֹוָהיאהדונהי לִי לֹא אִירָא. מַה יַּעֲשֶׂה לִי אָדָם: יְהֹוָהיאהדונהי לִי בְּעֹזְרָי. וַאֲנִי אֶרְאֶה בְשֹׂנְאָי: טוֹב לַחֲסוֹת בַּיְהֹוָהיאהדונהי מִבְּטֹחַ בָּאָדָם: טוֹב לַחֲסוֹת בַּיְהֹוָהיאהדונהי

מִבְּטֹחַ בִּנְדִיבִים: כָּל גּוֹיִם סְבָבוּנִי. בְּשֵׁם יְהֹוָהיאהדונהי כִּי אֲמִילַם: סַבּוּנִי גַם סְבָבוּנִי. בְּשֵׁם יְהֹוָהיאהדונהי כִּי אֲמִילַם: סַבּוּנִי כִדְבוֹרִים דֹּעֲכוּ כְּאֵשׁ קוֹצִים. בְּשֵׁם יְהֹוָהיאהדונהי כִּי אֲמִילַם: דָּחֹה דְחִיתַנִי לִנְפֹּל. וַיהֹוָהיאהדונהי עֲזָרָנִי: עָזִּי וְזִמְרָת יָהּ. וַיְהִי לִי לִישׁוּעָה: קוֹל רִנָּה וִישׁוּעָה בְּאָהֳלֵי צַדִּיקִים. יְמִין יְהֹוָהיאהדונהי עֹשָׂה חָיִל: יְמִין יְהֹוָהיאהדונהי רוֹמֵמָה. יְמִין יְהֹוָהיאהדונהי עֹשָׂה חָיִל: לֹא אָמוּת כִּי אֶחְיֶה. וַאֲסַפֵּר מַעֲשֵׂי יָהּ: יַסֹּר יִסְּרַנִּי יָּהּ. וְלַמָּוֶת לֹא נְתָנָנִי. פִּתְחוּ לִי שַׁעֲרֵי צֶדֶק. אָבֹא בָם אוֹדֶה יָהּ: זֶה הַשַּׁעַר לַיהֹוָהיאהדונהי צַדִּיקִים יָבֹאוּ בוֹ:

אוֹדְךָ כִּי עֲנִיתָנִי. וַתְּהִי לִי לִישׁוּעָה:
אוֹדְךָ כִּי עֲנִיתָנִי. וַתְּהִי לִי לִישׁוּעָה:
אֶבֶן מָאֲסוּ הַבּוֹנִים. הָיְתָה לְרֹאשׁ פִּנָּה:
אֶבֶן מָאֲסוּ הַבּוֹנִים. הָיְתָה לְרֹאשׁ פִּנָּה:
מֵאֵת יְהֹוָהיאהדונהי הָיְתָה זֹּאת. הִיא נִפְלָאת בְּעֵינֵינוּ:
מֵאֵת יְהֹוָהיאהדונהי הָיְתָה זֹּאת. הִיא נִפְלָאת בְּעֵינֵינוּ:

זֶה הַיּוֹם עָשָׂה יְהֹוָהיאהדונהי נָגִילָה וְנִשְׂמְחָה בוֹ:
זֶה הַיּוֹם עָשָׂה יְהֹוָהיאהדונהי נָגִילָה וְנִשְׂמְחָה בוֹ:

אָנָּא יְהֹוָהיאהדונהי הוֹשִׁיעָה נָּא:
אָנָּא יְהֹוָהיאהדונהי הוֹשִׁיעָה נָּא:
אָנָּא יְהֹוָהיאהדונהי הַצְלִיחָה נָא:
אָנָּא יְהֹוָהיאהדונהי הַצְלִיחָה נָא:

בָּרוּךְ הַבָּא בְּשֵׁם יְהֹוָהיאהדונהי בֵּרַכְנוּכֶם מִבֵּית יְהֹוָהיאהדונהי:

בָּרוּךְ הַבָּא בְּשֵׁם יְהֹוָהיאהדונהי בֵּרַכְנוּכֶם מִבֵּית יְהֹוָהיאהדונהי:

אֵל יְהֹוָהיאהדונהי וַיָּאֶר לָנוּ אִסְרוּ חַג בַּעֲבוֹתִים. עַד קַרְנוֹת הַמִּזְבֵּחַ:

אֵל יְהֹוָהיאהדונהי וַיָּאֶר לָנוּ אִסְרוּ חַג בַּעֲבוֹתִים. עַד קַרְנוֹת הַמִּזְבֵּחַ:

אֵלִי אַתָּה וְאוֹדֶךָּ. אֱלֹהַי אֲרוֹמְמֶךָּ:

אֵלִי אַתָּה וְאוֹדֶךָּ. אֱלֹהַי אֲרוֹמְמֶךָּ:

הוֹדוּ לַיְהֹוָהיאהדונהי כִּי טוֹב. כִּי לְעוֹלָם חַסְדּוֹ:

הוֹדוּ לַיְהֹוָהיאהדונהי כִּי טוֹב. כִּי לְעוֹלָם חַסְדּוֹ:

הוֹדוּ לַיְהֹוָהיאהדונהי כִּי טוֹב. כִּי לְעוֹלָם חַסְדּוֹ:

הוֹדוּ לֵאלֹהֵי הָאֱלֹהִים. כִּי לְעוֹלָם חַסְדּוֹ:

הוֹדוּ לַאֲדֹנֵי הָאֲדֹנִים. כִּי לְעוֹלָם חַסְדּוֹ:

לְעֹשֵׂה נִפְלָאוֹת גְּדֹלוֹת לְבַדּוֹ. כִּי לְעוֹלָם חַסְדּוֹ:

לְעֹשֵׂה הַשָּׁמַיִם בִּתְבוּנָה. כִּי לְעוֹלָם חַסְדּוֹ:

לְרוֹקַע הָאָרֶץ עַל-הַמָּיִם. כִּי לְעוֹלָם חַסְדּוֹ:

לְעֹשֵׂה אוֹרִים גְּדֹלִים. כִּי לְעוֹלָם חַסְדּוֹ:

אֶת הַשֶּׁמֶשׁ לְמֶמְשֶׁלֶת בַּיּוֹם. כִּי לְעוֹלָם חַסְדּוֹ:

אֶת הַיָּרֵחַ וְכוֹכָבִים לְמֶמְשְׁלוֹת בַּלָּיְלָה. כִּי לְעוֹלָם חַסְדּוֹ:

לְמַכֵּה מִצְרַיִם בִּבְכוֹרֵיהֶם. כִּי לְעוֹלָם חַסְדּוֹ:

וַיּוֹצֵא יִשְׂרָאֵל מִתּוֹכָם. כִּי לְעוֹלָם חַסְדּוֹ:

בְּיָד חֲזָקָה וּבִזְרוֹעַ נְטוּיָה. כִּי לְעוֹלָם חַסְדּוֹ:

לְגוֹזֵר יַם סוּף לִגְזָרִים. כִּי לְעוֹלָם חַסְדּוֹ:

וְהֶעֱבִיר יִשְׂרָאֵל בְּתוֹכוֹ. כִּי לְעוֹלָם חַסְדּוֹ:

וְנִעֵר פַּרְעֹה וְחֵילוֹ בְיַם סוּף. כִּי לְעוֹלָם חַסְדּוֹ:
לְמוֹלִיךְ עַמּוֹ בַּמִּדְבָּר. כִּי לְעוֹלָם חַסְדּוֹ:
לְמַכֵּה מְלָכִים גְּדֹלִים. כִּי לְעוֹלָם חַסְדּוֹ:
וַיַּהֲרֹג מְלָכִים אַדִּירִים. כִּי לְעוֹלָם חַסְדּוֹ:
לְסִיחוֹן מֶלֶךְ הָאֱמֹרִי. כִּי לְעוֹלָם חַסְדּוֹ:
וּלְעוֹג מֶלֶךְ הַבָּשָׁן. כִּי לְעוֹלָם חַסְדּוֹ:
וְנָתַן אַרְצָם לְנַחֲלָה. כִּי לְעוֹלָם חַסְדּוֹ:
נַחֲלָה לְיִשְׂרָאֵל עַבְדּוֹ. כִּי לְעוֹלָם חַסְדּוֹ:
שֶׁבְּשִׁפְלֵנוּ זָכַר לָנוּ. כִּי לְעוֹלָם חַסְדּוֹ:
וַיִּפְרְקֵנוּ מִצָּרֵינוּ. כִּי לְעוֹלָם חַסְדּוֹ:
נוֹתֵן לֶחֶם לְכָל בָּשָׂר. כִּי לְעוֹלָם חַסְדּוֹ:
הוֹדוּ לְאֵל הַשָּׁמָיִם. כִּי לְעוֹלָם חַסְדּוֹ:

נִשְׁמַת כָּל חַי תְּבָרֵךְ אֶת שִׁמְךָ יְהֹוָהיאהדונהי אֱלֹהֵינוּ וְרוּחַ כָּל בָּשָׂר תְּפָאֵר וּתְרוֹמֵם זִכְרְךָ מַלְכֵּנוּ תָּמִיד. מִן הָעוֹלָם וְעַד הָעוֹלָם אַתָּה אֵל. וּמִבַּלְעָדֶיךָ אֵין לָנוּ [מֶלֶךְ] גּוֹאֵל וּמוֹשִׁיעַ. פּוֹדֶה וּמַצִּיל. וְעוֹנֶה וּמְרַחֵם. בְּכָל עֵת צָרָה וְצוּקָה. אֵין לָנוּ מֶלֶךְ עוֹזֵר וְסוֹמֵךְ אֶלָּא אָתָּה:

אֱלֹהֵי הָרִאשׁוֹנִים וְהָאַחֲרוֹנִים. אֱלוֹהַּ כָּל בְּרִיּוֹת. אֲדוֹן כָּל תּוֹלָדוֹת. הַמְּהֻלָּל בְּכָל הַתִּשְׁבָּחוֹת. הַמְּנַהֵג עוֹלָמוֹ בְּחֶסֶד וּבְרִיּוֹתָיו בְּרַחֲמִים. וַיהֹוָהיאהדונהי אֱלֹהִים אֱמֶת. לֹא יָנוּם וְלֹא יִישָׁן. הַמְּעוֹרֵר יְשֵׁנִים וְהַמֵּקִיץ נִרְדָּמִים. מְחַיֵּה מֵתִים. וְרוֹפֵא חוֹלִים. פּוֹקֵחַ עִוְרִים. וְזוֹקֵף כְּפוּפִים. הַמֵּשִׂיחַ אִלְּמִים. וְהַמְפַעְנֵחַ נֶעֱלָמִים. וּלְךָ לְבַדְּךָ אֲנַחְנוּ מוֹדִים:
וְאִלּוּ פִינוּ מָלֵא שִׁירָה כַּיָּם. וּלְשׁוֹנֵנוּ רִנָּה כַּהֲמוֹן גַּלָּיו וְשִׂפְתוֹתֵינוּ

הַגָּדָה שֶׁל פֶּסַח – שִׂמְחַת חַיִּים

שֶׁבַח כְּמֶרְחֲבֵי רָקִיעַ. וְעֵינֵינוּ מְאִירוֹת כַּשֶּׁמֶשׁ וְכַיָּרֵחַ. וְיָדֵינוּ פְּרוּשׂוֹת כְּנִשְׁרֵי שָׁמָיִם. וְרַגְלֵינוּ קַלּוֹת כָּאַיָּלוֹת. אֵין אֲנַחְנוּ מַסְפִּיקִין לְהוֹדוֹת לְךָ יְהֹוָהיאהדונהי אֱלֹהֵינוּ. וּלְבָרֵךְ אֶת שִׁמְךָ מַלְכֵּנוּ. עַל אַחַת מֵאֶלֶף אַלְפֵי אֲלָפִים וְרוֹב רִבֵּי רְבָבוֹת פְּעָמִים. הַטּוֹבוֹת נִסִּים וְנִפְלָאוֹת שֶׁעָשִׂיתָ עִמָּנוּ וְעִם אֲבוֹתֵינוּ. מִלְּפָנִים מִמִּצְרַיִם גְּאַלְתָּנוּ יְהֹוָהיאהדונהי אֱלֹהֵינוּ. מִבֵּית עֲבָדִים פְּדִיתָנוּ. בְּרָעָב זַנְתָּנוּ. וּבְשָׂבָע כִּלְכַּלְתָּנוּ מֵחֶרֶב הִצַּלְתָּנוּ. מִדֶּבֶר מִלַּטְתָּנוּ. וּמֵחֳלָאִים רָעִים וְרַבִּים דִּלִּיתָנוּ. עַד הֵנָּה עֲזָרוּנוּ רַחֲמֶיךָ וְלֹא עֲזָבוּנוּ חֲסָדֶיךָ. עַל כֵּן אֵבָרִים שֶׁפִּלַּגְתָּ בָּנוּ. וְרוּחַ וּנְשָׁמָה שֶׁנָּפַחְתָּ בְּאַפֵּינוּ. וְלָשׁוֹן אֲשֶׁר שַׂמְתָּ בְּפִינוּ. הֵן הֵם יוֹדוּ וִיבָרְכוּ. וִישַׁבְּחוּ. וִיפָאֲרוּ. וִישׁוֹרְרוּ. אֶת שִׁמְךָ מַלְכֵּנוּ תָּמִיד. כִּי כָל פֶּה לְךָ יוֹדֶה. וְכָל לָשׁוֹן לְךָ תְשַׁבֵּחַ. וְכָל עַיִן לְךָ תְצַפֶּה וְכָל בֶּרֶךְ לְךָ תִכְרַע. וְכָל קוֹמָה לְפָנֶיךָ תִשְׁתַּחֲוֶה. וְהַלְּבָבוֹת יִירָאוּךָ וְהַקֶּרֶב וְהַכְּלָיוֹת יְזַמְּרוּ לִשְׁמֶךָ. כַּדָּבָר שֶׁנֶּאֱמַר כָּל עַצְמֹתַי תֹּאמַרְנָה יְהֹוָהיאהדונהי מִי כָמוֹךָ מַצִּיל עָנִי מֵחָזָק מִמֶּנּוּ וְעָנִי וְאֶבְיוֹן מִגֹּזְלוֹ: שַׁוְעַת עֲנִיִּים אַתָּה תִשְׁמַע. צַעֲקַת הַדַּל תַּקְשִׁיב וְתוֹשִׁיעַ וְכָתוּב רַנְּנוּ צַדִּיקִים בַּיהֹוָהיאהדונהי לַיְשָׁרִים נָאוָה תְהִלָּה:

| | | |
|---|---|---|
| בְּפִי | **יְ**שָׁרִים | תִּתְ**רוֹ**מָם: |
| וּבְשִׂפְתֵי | **צַ**דִּיקִים | תִּתְ**בָּ**רַךְ: |
| וּבִלְשׁוֹן | **חֲ**סִידִים | תִּתְ**קַ**דָּשׁ: |
| וּבְקֶרֶב | **קְ**דוֹשִׁים | תִּתְ**הַ**לָּל: |

בְּמִקְהֲלוֹת רִבְבוֹת עַמְּךָ בֵּית יִשְׂרָאֵל שֶׁכֵּן חוֹבַת כָּל הַיְצוּרִים לְפָנֶיךָ יְהֹוָהיאהדונהי אֱלֹהֵינוּ וֵאלֹהֵי אֲבוֹתֵינוּ לְהוֹדוֹת. לְהַלֵּל. לְשַׁבֵּחַ. לְפָאֵר. לְרוֹמֵם. לְהַדֵּר. וּלְנַצֵּחַ. עַל כָּל דִּבְרֵי שִׁירוֹת וְתִשְׁבָּחוֹת דָּוִד בֶּן יִשַׁי עַבְדְּךָ מְשִׁיחֶךָ: וּבְכֵן

יִשְׁתַּבַּח שִׁמְךָ לָעַד מַלְכֵּנוּ הָאֵל הַמֶּלֶךְ הַגָּדוֹל וְהַקָּדוֹשׁ בַּשָּׁמַיִם וּבָאָרֶץ כִּי לְךָ נָאֶה יְהֹוָהיאהדונהי אֱלֹהֵינוּ וֵאלֹהֵי אֲבוֹתֵינוּ לְעוֹלָם וָעֶד. שִׁיר וּשְׁבָחָה. הַלֵּל וְזִמְרָה. עֹז וּמֶמְשָׁלָה. נֶצַח. גְּדֻלָּה. גְּבוּרָה. תְּהִלָּה וְתִפְאֶרֶת. קְדֻשָּׁה וּמַלְכוּת. בְּרָכוֹת וְהוֹדָאוֹת לְשִׁמְךָ הַגָּדוֹל וְהַקָּדוֹשׁ. וּמֵעוֹלָם וְעַד עוֹלָם אַתָּה אֵל:

יְהַלְלוּךָ יְהֹוָהיאהדונהי אֱלֹהֵינוּ כָּל מַעֲשֶׂיךָ וַחֲסִידֶיךָ וְצַדִּיקִים עוֹשֵׂי רְצוֹנֶךָ וְעַמְּךָ בֵּית יִשְׂרָאֵל כֻּלָּם בְּרִנָּה יוֹדוּ וִיבָרְכוּ וִישַׁבְּחוּ וִיפָאֲרוּ אֶת שֵׁם כְּבוֹדֶךָ. כִּי לְךָ טוֹב לְהוֹדוֹת. וּלְשִׁמְךָ נָעִים לְזַמֵּר. וּמֵעוֹלָם וְעַד עוֹלָם אַתָּה אֵל.

## בָּרוּךְ אַתָּה יְהֹוָהיאהדונהי, מֶלֶךְ מְהֻלָּל בַּתִּשְׁבָּחוֹת.

**כוס רביעי**

וישתה בלי ברכה [האשכנזים מברכים בורא פרי הגפן על כוס זאת]

וישתה את הכוס בהסבה:

בָּרוּךְ אַתָּה יְהֹוָהיאהדונהי אֱלֹהֵינוּ מֶלֶךְ הָעוֹלָם,
בּוֹרֵא פְּרִי הַגֶּפֶן: על יין של ארץ ישראל אומר: פְּרִי גַּפְנָהּ.

ואחר כך יברך ברכה אחרונה:

בָּרוּךְ אַתָּה יְהֹוָהיאהדונהי אֱלֹהֵינוּ מֶלֶךְ הָעוֹלָם, עַל הַגֶּפֶן וְעַל פְּרִי הַגֶּפֶן וְעַל תְּנוּבַת הַשָּׂדֶה וְעַל אֶרֶץ חֶמְדָּה טוֹבָה וּרְחָבָה שֶׁרָצִיתָ וְהִנְחַלְתָּ לַאֲבוֹתֵינוּ לֶאֱכוֹל מִפִּרְיָהּ וְלִשְׂבּוֹעַ מִטּוּבָהּ. רַחֵם יְהֹוָהיאהדונהי אֱלֹהֵינוּ עָלֵינוּ וְעַל יִשְׂרָאֵל עַמָּךְ וְעַל יְרוּשָׁלַיִם עִירָךְ וְעַל הַר צִיּוֹן מִשְׁכַּן כְּבוֹדָךְ. וְעַל מִזְבְּחָךְ. וְעַל הֵיכָלָךְ. וּבְנֵה

הַגָּדָה שֶׁל פֶּסַח – שִׁמּוּזוֹת זוּיִים

יְרוּשָׁלַיִם עִיר הַקֹּדֶשׁ בִּמְהֵרָה בְיָמֵינוּ. וְהַעֲלֵנוּ לְתוֹכָהּ. וְשַׂמְּחֵנוּ בְּבִנְיָנָהּ וּנְבָרֶכְךָ עָלֶיהָ בִּקְדֻשָּׁה וּבְטָהֳרָה.

בשבת אומר: וּרְצֵה וְהַחֲלִיצֵנוּ בְּיוֹם הַשַּׁבָּת הַזֶּה.

וְשַׂמְּחֵנוּ בְּיוֹם חַג הַמַּצּוֹת הַזֶּה.
בְּיוֹם טוֹב מִקְרָא קֹדֶשׁ הַזֶּה.
כִּי אַתָּה טוֹב וּמֵטִיב לַכֹּל. וְנוֹדֶה לְּךָ יְהוָהיאהדונהי אֱלֹהֵינוּ עַל הָאָרֶץ וְעַל פְּרִי הַגָּפֶן:

**בָּרוּךְ אַתָּה יְהוָהיאהדונהי עַל הָאָרֶץ וְעַל פְּרִי הַגָּפֶן :** על יין של ארץ ישראל אומר: פְּרִי גַּפְנָהּ

# נִרְצָה

## לְשָׁנָה הַבָּאָה בִּירוּשָׁלַיִם הַבְּנוּיָה

# חַד גַּדְיָא

חַד גַּדְיָא חַד גַּדְיָא. דְּזַבִּין אַבָּא בִּתְרֵי זוּזֵי.
חַד גַּדְיָא חַד גַּדְיָא.

שׁוּנְרָא וְאָכְלָה לְגַדְיָא. דְּזַבִּין אַבָּא בִּתְרֵי זוּזֵי.
חַד גַּדְיָא חַד גַּדְיָא.

וְאָתָא כַלְבָּא וְנָשַׁךְ לְשׁוּנְרָא. דְּאָכְלָה לְגַדְיָא. דְּזַבִּין אַבָּא בִּתְרֵי זוּזֵי. חַד גַּדְיָא חַד גַּדְיָא.

וְאָתָא חוּטְרָא. וְהִכָּה לְכַלְבָּא. דְּנָשַׁךְ לְשׁוּנְרָא. דְּאָכְלָה לְגַדְיָא. דְּזַבִּין אַבָּא בִּתְרֵי זוּזֵי.
חַד גַּדְיָא חַד גַּדְיָא.

וְאָתָא נוּרָא. וְשָׂרַף לְחוּטְרָא. דְּהִכָּה לְכַלְבָּא. דְּנָשַׁךְ לְשׁוּנְרָא. דְּאָכְלָה לְגַדְיָא. דְּזַבִּין אַבָּא בִּתְרֵי זוּזֵי.
חַד גַּדְיָא חַד גַּדְיָא.

וְאָתָא מַיָּא. וְכָבָה לְנוּרָא. דְּשָׂרַף לְחוּטְרָא. דְּהִכָּה לְכַלְבָּא. דְּנָשַׁךְ לְשׁוּנְרָא. דְּאָכְלָה לְגַדְיָא. דְּזַבִּין אַבָּא בִּתְרֵי זוּזֵי.
חַד גַּדְיָא חַד גַּדְיָא.

וְאָתָא תוֹרָא וְשָׁתָה לְמַיָּא. דְּהִכָּה לְנוּרָא. דְּשָׂרַף לְחוּטְרָא. דְּהִכָּה לְכַלְבָּא. דְּנָשַׁךְ לְשׁוּנְרָא. דְּאָכְלָה לְגַדְיָא דְּזַבִּין אַבָּא בִּתְרֵי זוּזֵי
חַד גַּדְיָא חַד גַּדְיָא.

וְאָתָא הַשּׁוֹחֵט. וְשָׁחַט לְתוֹרָא. דְּשָׁתָא לְמַיָּא. דְּכָבָה לְנוּרָא. דְּשָׂרַף לְחוּטְרָא. דְּהִכָּה לְכַלְבָּא. דְּנָשַׁךְ לְשׁוּנְרָא. דְּאָכְלָה לְגַדְיָא. דְּזַבִּין אַבָּא בִּתְרֵי זוּזֵי.
חַד גַּדְיָא חַד גַּדְיָא.

וְאָתָא מַלְאַךְ הַמָּוֶת. וְשָׁחַט לְשׁוֹחֵט. דְּשָׁחַט לְתוֹרָא. דְּשָׁתָה לְמַיָּא. דְּכָבָה לְנוּרָא. דְּשָׂרַף לְחוּטְרָא. דְּהִכָּה לְכַלְבָּא. דְּנָשַׁךְ לְשׁוּנְרָא. דְּאָכְלָה לְגַדְיָא. דְּזַבִּין אַבָּא בִּתְרֵי זוּזֵי.
חַד גַּדְיָא חַד גַּדְיָא.

וְאָתָא הַקָּדוֹשׁ בָּרוּךְ הוּא. וְשָׁחַט לְמַלְאַךְ הַמָּוֶת. דְּשָׁחַט לְשׁוֹחֵט. דְּשָׁחַט

לְתוֹרָא. דְּשָׁתָה לְמַיָּא. דְּכָבָה לְנוּרָא. דְּשָׂרַף לְחוּטְרָא. דְּהִכָּה לְכַלְבָּא. דְּנָשַׁךְ לְשׁוּנְרָא. דְּאָכְלָה לְגַדְיָא. דְּזַבִּין אַבָּא בִּתְרֵי זוּזֵי.
חַד גַּדְיָא חַד גַּדְיָא.

# אחד מי יודע

**אֶחָד** מִי יוֹדֵעַ. אֶחָד אֲנִי יוֹדֵעַ. אֶחָד אֱלֹהֵינוּ שֶׁבַּשָּׁמַיִם וּבָאָרֶץ:

**שְׁנַיִם** מִי יוֹדֵעַ. שְׁנַיִם אֲנִי יוֹדֵעַ. שְׁנֵי לֻחוֹת הַבְּרִית. אֶחָד אֱלֹהֵינוּ שֶׁבַּשָּׁמַיִם וּבָאָרֶץ:

**שְׁלֹשָׁה** מִי יוֹדֵעַ. שְׁלֹשָׁה אֲנִי יוֹדֵעַ. שְׁלֹשָׁה אָבוֹת. שְׁנֵי לֻחוֹת הַבְּרִית. אֶחָד אֱלֹהֵינוּ שֶׁבַּשָּׁמַיִם וּבָאָרֶץ:

**אַרְבַּע** מִי יוֹדֵעַ. אַרְבַּע אֲנִי יוֹדֵעַ. אַרְבַּע אִמָּהוֹת. שְׁלֹשָׁה אָבוֹת. שְׁנֵי לֻחוֹת הַבְּרִית. אֶחָד אֱלֹהֵינוּ שֶׁבַּשָּׁמַיִם וּבָאָרֶץ:

**חֲמִשָּׁה** מִי יוֹדֵעַ. חֲמִשָּׁה אֲנִי יוֹדֵעַ. חֲמִשָּׁה חֻמְשֵׁי תוֹרָה. אַרְבַּע אִמָּהוֹת. שְׁלֹשָׁה אָבוֹת. שְׁנֵי לֻחוֹת הַבְּרִית. אֶחָד אֱלֹהֵינוּ שֶׁבַּשָּׁמַיִם וּבָאָרֶץ:

**שִׁשָּׁה** מִי יוֹדֵעַ. שִׁשָּׁה אֲנִי יוֹדֵעַ. שִׁשָּׁה סִדְרֵי מִשְׁנָה. חֲמִשָּׁה חֻמְשֵׁי תוֹרָה. אַרְבַּע אִמָּהוֹת. שְׁלֹשָׁה אָבוֹת. שְׁנֵי לֻחוֹת הַבְּרִית. אֶחָד אֱלֹהֵינוּ שֶׁבַּשָּׁמַיִם וּבָאָרֶץ:

**שִׁבְעָה** מִי יוֹדֵעַ. שִׁבְעָה אֲנִי יוֹדֵעַ. שִׁבְעָה יְמֵי שַׁבַּתָּא. שִׁשָּׁה סִדְרֵי מִשְׁנָה. חֲמִשָּׁה חֻמְשֵׁי תוֹרָה. אַרְבַּע אִמָּהוֹת. שְׁלֹשָׁה אָבוֹת. שְׁנֵי לֻחוֹת הַבְּרִית. אֶחָד אֱלֹהֵינוּ שֶׁבַּשָּׁמַיִם וּבָאָרֶץ:

**שְׁמוֹנָה** מִי יוֹדֵעַ. שְׁמוֹנָה אֲנִי יוֹדֵעַ. שְׁמוֹנָה יְמֵי מִילָה. שִׁבְעָה יְמֵי שַׁבַּתָּא. שִׁשָּׁה סִדְרֵי מִשְׁנָה. חֲמִשָּׁה חֻמְשֵׁי תוֹרָה. אַרְבַּע אִמָּהוֹת. שְׁלֹשָׁה אָבוֹת. שְׁנֵי לֻחוֹת הַבְּרִית. אֶחָד אֱלֹהֵינוּ שֶׁבַּשָּׁמַיִם וּבָאָרֶץ:

**תִּשְׁעָה** מִי יוֹדֵעַ. תִּשְׁעָה אֲנִי יוֹדֵעַ. תִּשְׁעָה יַרְחֵי לֵידָה. שְׁמוֹנָה יְמֵי מִילָה. שִׁבְעָה יְמֵי שַׁבַּתָּא. שִׁשָּׁה סִדְרֵי מִשְׁנָה. חֲמִשָּׁה חֻמְשֵׁי תוֹרָה. אַרְבַּע אִמָּהוֹת. שְׁלֹשָׁה אָבוֹת. שְׁנֵי לֻחוֹת הַבְּרִית. אֶחָד אֱלֹהֵינוּ שֶׁבַּשָּׁמַיִם וּבָאָרֶץ:

**עֲשָׂרָה** מִי יוֹדֵעַ. עֲשָׂרָה אֲנִי יוֹדֵעַ. עֲשָׂרָה דִבְּרַיָּא. תִּשְׁעָה יַרְחֵי לֵידָה. שְׁמוֹנָה יְמֵי מִילָה. שִׁבְעָה יְמֵי שַׁבַּתָּא. שִׁשָּׁה סִדְרֵי מִשְׁנָה. חֲמִשָּׁה חֻמְשֵׁי תוֹרָה. אַרְבַּע אִמָּהוֹת. שְׁלֹשָׁה אָבוֹת. שְׁנֵי לֻחוֹת הַבְּרִית. אֶחָד אֱלֹהֵינוּ שֶׁבַּשָּׁמַיִם וּבָאָרֶץ:

**אַחַד עָשָׂר** מִי יוֹדֵעַ. אַחַד עָשָׂר אֲנִי יוֹדֵעַ. אַחַד עָשָׂר כּוֹכְבַיָּא. עֲשָׂרָה דִבְּרַיָּא. תִּשְׁעָה יַרְחֵי לֵידָה. שְׁמוֹנָה יְמֵי מִילָה. שִׁבְעָה יְמֵי שַׁבַּתָּא. שִׁשָּׁה סִדְרֵי מִשְׁנָה. חֲמִשָּׁה חֻמְשֵׁי תוֹרָה. אַרְבַּע אִמָּהוֹת. שְׁלֹשָׁה אָבוֹת. שְׁנֵי לֻחוֹת הַבְּרִית. אֶחָד אֱלֹהֵינוּ שֶׁבַּשָּׁמַיִם וּבָאָרֶץ:

**שְׁנֵים עָשָׂר** מִי יוֹדֵעַ. שְׁנֵים עָשָׂר אֲנִי יוֹדֵעַ. שְׁנֵים עָשָׂר שִׁבְטַיָּא. אַחַד עָשָׂר כּוֹכְבַיָּא. עֲשָׂרָה דִבְּרַיָּא. תִּשְׁעָה יַרְחֵי לֵידָה. שְׁמוֹנָה יְמֵי מִילָה. שִׁבְעָה יְמֵי שַׁבַּתָּא. שִׁשָּׁה סִדְרֵי מִשְׁנָה. חֲמִשָּׁה חֻמְשֵׁי תוֹרָה. אַרְבַּע אִמָּהוֹת. שְׁלֹשָׁה אָבוֹת. שְׁנֵי לוּחוֹת הַבְּרִית. אֶחָד אֱלֹהֵינוּ שֶׁבַּשָּׁמַיִם וּבָאָרֶץ:

**שְׁלֹשָׁה עָשָׂר** מִי יוֹדֵעַ. שְׁלֹשָׁה עָשָׂר אֲנִי יוֹדֵעַ. שְׁלֹשָׁה עָשָׂר מִדַּיָּא. שְׁנֵים עָשָׂר שִׁבְטַיָּא. אַחַד עָשָׂר כּוֹכְבַיָּא. עֲשָׂרָה דִבְּרַיָּא. תִּשְׁעָה יַרְחֵי לֵידָה. שְׁמוֹנָה יְמֵי מִילָה. שִׁבְעָה יְמֵי שַׁבַּתָּא. שִׁשָּׁה סִדְרֵי מִשְׁנָה. חֲמִשָּׁה חֻמְשֵׁי תוֹרָה. אַרְבַּע אִמָּהוֹת. שְׁלֹשָׁה אָבוֹת. שְׁנֵי לֻחוֹת הַבְּרִית. אֶחָד אֱלֹהֵינוּ שֶׁבַּשָּׁמַיִם וּבָאָרֶץ:

# שִׁיר הַשִּׁירִים

לְשֵׁם יִחוּד קֻדְשָׁא בְּרִיךְ הוּא וּשְׁכִינְתֵּהּ, בִּדְחִילוּ וּרְחִימוּ, וּרְחִימוּ וּדְחִילוּ, לְיַחֲדָא שֵׁם אוֹת יוּ"ד אוֹת הֵ"א בּאוֹת וָא"ו אוֹת הֵ"א, בְּיִחוּדָא שְׁלִים בְּשֵׁם כָּל יִשְׂרָאֵל, הִנֵּה אֲנַחְנוּ בָּאִים לְשׁוֹרֵר בְּקוֹל נָעִים שִׁיר הַשִּׁירִים, קֹדֶשׁ קָדָשִׁים, לְעוֹרֵר חֲבַצֶּלֶת הַשָּׁרוֹן, לָשִׁיר בְּקוֹל נָעִים גִּילַת וְרַנֵּן כְּבוֹד הַלְּבָנוֹן, וּלְחַבֵּר אֵשֶׁת נְעוּרִים עִם דּוֹדָהּ בְּאַהֲבָה וּרְעוּתָא וְחֶדְוָתָא דְלִבָּא, שָׂשׂוֹן וְשִׂמְחָה יִמָּצֵא בָהּ, תּוֹדָה וְקוֹל זִמְרָה, וְתַעֲלֶה לְפָנֶיךָ קְרִיאַת שִׁיר הַשִּׁירִים כְּאִלּוּ אֲמָרוֹ שְׁלֹמֹה בְּעַצְמוֹ, וּכְאִלּוּ הִשַּׂגְנוּ כָּל הַסּוֹדוֹת הַחֲתוּמִים בּוֹ, וִיהִי נֹעַם אֲדֹנָי אֱלֹהֵינוּ עָלֵינוּ, וּמַעֲשֵׂה יָדֵינוּ כּוֹנְנָה עָלֵינוּ, וּמַעֲשֵׂה יָדֵינוּ כּוֹנְנֵהוּ: יִהְיוּ לְרָצוֹן אִמְרֵי פִי וְהֶגְיוֹן לִבִּי לְפָנֶיךָ יְהֹוָה צוּרִי וְגֹאֲלִי:

א **שִׁיר הַשִּׁירִים** אֲשֶׁר לִשְׁלֹמֹה: יִשָּׁקֵנִי מִנְּשִׁיקוֹת פִּיהוּ כִּי טוֹבִים דֹּדֶיךָ מִיָּיִן: לְרֵיחַ שְׁמָנֶיךָ טוֹבִים שֶׁמֶן תּוּרַק שְׁמֶךָ עַל כֵּן עֲלָמוֹת אֲהֵבוּךָ: מָשְׁכֵנִי אַחֲרֶיךָ נָּרוּצָה הֱבִיאַנִי הַמֶּלֶךְ חֲדָרָיו נָגִילָה וְנִשְׂמְחָה בָּךְ נַזְכִּירָה דֹדֶיךָ מִיַּיִן מֵישָׁרִים אֲהֵבוּךָ: שְׁחוֹרָה אֲנִי וְנָאוָה בְּנוֹת יְרוּשָׁלָם כְּאָהֳלֵי קֵדָר כִּירִיעוֹת שְׁלֹמֹה: אַל תִּרְאוּנִי שֶׁאֲנִי שְׁחַרְחֹרֶת שֶׁשֱּׁזָפַתְנִי הַשָּׁמֶשׁ בְּנֵי אִמִּי נִחֲרוּ בִי שָׂמֻנִי נֹטֵרָה אֶת הַכְּרָמִים כַּרְמִי שֶׁלִּי לֹא נָטָרְתִּי: הַגִּידָה לִּי שֶׁאָהֲבָה נַפְשִׁי אֵיכָה תִרְעֶה אֵיכָה תַּרְבִּיץ בַּצָּהֳרָיִם שַׁלָּמָה אֶהְיֶה כְּעֹטְיָה עַל עֶדְרֵי חֲבֵרֶיךָ: אִם לֹא תֵדְעִי לָךְ הַיָּפָה בַּנָּשִׁים צְאִי לָךְ בְּעִקְבֵי הַצֹּאן וּרְעִי אֶת גְּדִיֹּתַיִךְ עַל מִשְׁכְּנוֹת הָרֹעִים: לְסֻסָתִי בְּרִכְבֵי פַרְעֹה דִּמִּיתִיךְ רַעְיָתִי: נָאווּ לְחָיַיִךְ בַּתֹּרִים צַוָּארֵךְ בַּחֲרוּזִים: תּוֹרֵי זָהָב נַעֲשֶׂה לָּךְ עִם נְקֻדּוֹת הַכָּסֶף: עַד שֶׁהַמֶּלֶךְ בִּמְסִבּוֹ נִרְדִּי נָתַן רֵיחוֹ: צְרוֹר הַמֹּר דּוֹדִי לִי בֵּין שָׁדַי יָלִין: אֶשְׁכֹּל הַכֹּפֶר דּוֹדִי לִי בְּכַרְמֵי עֵין גֶּדִי: הִנָּךְ יָפָה רַעְיָתִי הִנָּךְ יָפָה עֵינַיִךְ יוֹנִים: הִנְּךָ יָפֶה דוֹדִי אַף נָעִים אַף עַרְשֵׂנוּ רַעֲנָנָה: קֹרוֹת בָּתֵּינוּ אֲרָזִים רַהִיטֵנוּ בְּרוֹתִים:

ב **אֲנִי חֲבַצֶּלֶת הַשָּׁרוֹן** שׁוֹשַׁנַּת הָעֲמָקִים: כְּשׁוֹשַׁנָּה בֵּין הַחוֹחִים כֵּן רַעְיָתִי בֵּין הַבָּנוֹת: כְּתַפּוּחַ בַּעֲצֵי הַיַּעַר כֵּן דּוֹדִי בֵּין הַבָּנִים בְּצִלּוֹ חִמַּדְתִּי וְיָשַׁבְתִּי וּפִרְיוֹ מָתוֹק לְחִכִּי: הֱבִיאַנִי אֶל בֵּית הַיָּיִן וְדִגְלוֹ עָלַי אַהֲבָה: סַמְּכוּנִי בָּאֲשִׁישׁוֹת רַפְּדוּנִי בַּתַּפּוּחִים כִּי חוֹלַת אַהֲבָה אָנִי: שְׂמֹאלוֹ תַּחַת לְרֹאשִׁי וִימִינוֹ תְּחַבְּקֵנִי: הִשְׁבַּעְתִּי אֶתְכֶם בְּנוֹת יְרוּשָׁלַםִ בִּצְבָאוֹת אוֹ בְּאַיְלוֹת הַשָּׂדֶה אִם תָּעִירוּ וְאִם תְּעוֹרְרוּ אֶת הָאַהֲבָה עַד שֶׁתֶּחְפָּץ: קוֹל דּוֹדִי הִנֵּה זֶה בָּא מְדַלֵּג עַל הֶהָרִים מְקַפֵּץ עַל הַגְּבָעוֹת: דּוֹמֶה דוֹדִי לִצְבִי אוֹ לְעֹפֶר

הָאַיָּלִים הִנֵּה זֶה עוֹמֵד אַחַר כָּתְלֵנוּ מַשְׁגִּיחַ מִן הַחַלֹּנוֹת מֵצִיץ מִן הַחֲרַכִּים: עָנָה דוֹדִי וְאָמַר לִי קוּמִי לָךְ רַעְיָתִי יָפָתִי וּלְכִי לָךְ: כִּי הִנֵּה הַסְּתָיו עָבָר הַגֶּשֶׁם חָלַף הָלַךְ לוֹ: הַנִּצָּנִים נִרְאוּ בָאָרֶץ עֵת הַזָּמִיר הִגִּיעַ וְקוֹל הַתּוֹר נִשְׁמַע בְּאַרְצֵנוּ: הַתְּאֵנָה חָנְטָה פַגֶּיהָ וְהַגְּפָנִים סְמָדַר נָתְנוּ רֵיחַ קוּמִי לָךְ רַעְיָתִי יָפָתִי וּלְכִי לָךְ: יוֹנָתִי בְּחַגְוֵי הַסֶּלַע בְּסֵתֶר הַמַּדְרֵגָה הַרְאִינִי אֶת מַרְאַיִךְ הַשְׁמִיעִינִי אֶת קוֹלֵךְ כִּי קוֹלֵךְ עָרֵב וּמַרְאֵיךְ נָאוֶה: אֶחֱזוּ לָנוּ שׁוּעָלִים שׁוּעָלִים קְטַנִּים מְחַבְּלִים כְּרָמִים וּכְרָמֵינוּ סְמָדַר: דּוֹדִי לִי וַאֲנִי לוֹ הָרֹעֶה בַּשּׁוֹשַׁנִּים: עַד שֶׁיָּפוּחַ הַיּוֹם וְנָסוּ הַצְּלָלִים סֹב דְּמֵה לְךָ דוֹדִי לִצְבִי אוֹ לְעֹפֶר הָאַיָּלִים עַל הָרֵי בָתֶר:

ג **עַל מִשְׁכָּבִי בַּלֵּילוֹת** בִּקַּשְׁתִּי אֵת שֶׁאָהֲבָה נַפְשִׁי בִּקַּשְׁתִּיו וְלֹא מְצָאתִיו: אָקוּמָה נָּא וַאֲסוֹבְבָה בָעִיר בַּשְּׁוָקִים וּבָרְחֹבוֹת אֲבַקְשָׁה אֵת שֶׁאָהֲבָה נַפְשִׁי בִּקַּשְׁתִּיו וְלֹא מְצָאתִיו: מְצָאוּנִי הַשֹּׁמְרִים הַסֹּבְבִים בָּעִיר אֵת שֶׁאָהֲבָה נַפְשִׁי רְאִיתֶם: כִּמְעַט שֶׁעָבַרְתִּי מֵהֶם עַד שֶׁמָּצָאתִי אֵת שֶׁאָהֲבָה נַפְשִׁי אֲחַזְתִּיו וְלֹא אַרְפֶּנּוּ עַד שֶׁהֲבֵיאתִיו אֶל בֵּית אִמִּי וְאֶל חֶדֶר הוֹרָתִי: הִשְׁבַּעְתִּי אֶתְכֶם בְּנוֹת יְרוּשָׁלַםִ בִּצְבָאוֹת אוֹ בְּאַיְלוֹת הַשָּׂדֶה אִם תָּעִירוּ וְאִם תְּעוֹרְרוּ אֶת הָאַהֲבָה עַד שֶׁתֶּחְפָּץ: מִי זֹאת עֹלָה מִן הַמִּדְבָּר כְּתִימְרוֹת עָשָׁן מְקֻטֶּרֶת מוֹר וּלְבוֹנָה מִכֹּל אַבְקַת רוֹכֵל: הִנֵּה מִטָּתוֹ שֶׁלִּשְׁלֹמֹה שִׁשִּׁים גִּבֹּרִים סָבִיב לָהּ מִגִּבֹּרֵי יִשְׂרָאֵל: כֻּלָּם אֲחֻזֵי חֶרֶב מְלֻמְּדֵי מִלְחָמָה אִישׁ חַרְבּוֹ עַל יְרֵכוֹ מִפַּחַד בַּלֵּילוֹת: אַפִּרְיוֹן עָשָׂה לוֹ הַמֶּלֶךְ שְׁלֹמֹה מֵעֲצֵי הַלְּבָנוֹן: עַמּוּדָיו עָשָׂה כֶסֶף רְפִידָתוֹ זָהָב מֶרְכָּבוֹ אַרְגָּמָן תּוֹכוֹ רָצוּף אַהֲבָה מִבְּנוֹת יְרוּשָׁלָםִ: צְאֶינָה וּרְאֶינָה בְּנוֹת צִיּוֹן בַּמֶּלֶךְ שְׁלֹמֹה בָּעֲטָרָה שֶׁעִטְּרָה לּוֹ אִמּוֹ בְּיוֹם חֲתֻנָּתוֹ וּבְיוֹם שִׂמְחַת לִבּוֹ:

ד **הִנָּךְ יָפָה רַעְיָתִי** הִנָּךְ יָפָה עֵינַיִךְ יוֹנִים מִבַּעַד לְצַמָּתֵךְ שַׂעְרֵךְ כְּעֵדֶר הָעִזִּים שֶׁגָּלְשׁוּ מֵהַר גִּלְעָד: שִׁנַּיִךְ כְּעֵדֶר הַקְּצוּבוֹת שֶׁעָלוּ מִן הָרַחְצָה שֶׁכֻּלָּם מַתְאִימוֹת וְשַׁכֻּלָה אֵין בָּהֶם: כְּחוּט הַשָּׁנִי שִׂפְתֹתַיִךְ וּמִדְבָּרֵיךְ נָאוֶה כְּפֶלַח הָרִמּוֹן רַקָּתֵךְ מִבַּעַד לְצַמָּתֵךְ: כְּמִגְדַּל דָּוִיד צַוָּארֵךְ בָּנוּי לְתַלְפִּיּוֹת אֶלֶף הַמָּגֵן תָּלוּי עָלָיו כֹּל שִׁלְטֵי הַגִּבּוֹרִים: שְׁנֵי שָׁדַיִךְ כִּשְׁנֵי עֳפָרִים תְּאוֹמֵי צְבִיָּה הָרוֹעִים בַּשּׁוֹשַׁנִּים: עַד שֶׁיָּפוּחַ הַיּוֹם וְנָסוּ הַצְּלָלִים אֵלֶךְ לִי אֶל הַר הַמּוֹר וְאֶל גִּבְעַת הַלְּבוֹנָה: כֻּלָּךְ יָפָה רַעְיָתִי וּמוּם אֵין בָּךְ: אִתִּי מִלְּבָנוֹן כַּלָּה אִתִּי מִלְּבָנוֹן תָּבוֹאִי תָּשׁוּרִי מֵרֹאשׁ אֲמָנָה מֵרֹאשׁ שְׂנִיר וְחֶרְמוֹן מִמְּעֹנוֹת אֲרָיוֹת

מֵהַרְרֵי נְמֵרִים: לִבַּבְתִּנִי אֲחֹתִי כַלָּה לִבַּבְתִּינִי בְּאַחַת מֵעֵינַיִךְ בְּאַחַד עֲנָק
מִצַּוְּרֹנָיִךְ: מַה יָּפוּ דֹדַיִךְ אֲחֹתִי כַלָּה מַה טֹּבוּ דֹדַיִךְ מִיַּיִן וְרֵיחַ שְׁמָנַיִךְ מִכָּל
בְּשָׂמִים: נֹפֶת תִּטֹּפְנָה שִׂפְתוֹתַיִךְ כַּלָּה דְּבַשׁ וְחָלָב תַּחַת לְשׁוֹנֵךְ וְרֵיחַ
שַׂלְמֹתַיִךְ כְּרֵיחַ לְבָנוֹן: גַּן נָעוּל אֲחֹתִי כַלָּה גַּל נָעוּל מַעְיָן חָתוּם: שְׁלָחַיִךְ
פַּרְדֵּס רִמּוֹנִים עִם פְּרִי מְגָדִים כְּפָרִים עִם נְרָדִים: נֵרְדְּ וְכַרְכֹּם קָנֶה וְקִנָּמוֹן
עִם כָּל עֲצֵי לְבוֹנָה מֹר וַאֲהָלוֹת עִם כָּל רָאשֵׁי בְשָׂמִים: מַעְיַן גַּנִּים בְּאֵר
מַיִם חַיִּים וְנֹזְלִים מִן לְבָנוֹן: עוּרִי צָפוֹן וּבוֹאִי תֵימָן הָפִיחִי גַנִּי יִזְּלוּ בְשָׂמָיו
יָבֹא דוֹדִי לְגַנּוֹ וְיֹאכַל פְּרִי מְגָדָיו:

ה **בָּאתִי לְגַנִּי** אֲחֹתִי כַלָּה אָרִיתִי מוֹרִי עִם בְּשָׂמִי אָכַלְתִּי יַעְרִי עִם דִּבְשִׁי
שָׁתִיתִי יֵינִי עִם חֲלָבִי אִכְלוּ רֵעִים שְׁתוּ וְשִׁכְרוּ דּוֹדִים: אֲנִי יְשֵׁנָה וְלִבִּי עֵר
קוֹל דּוֹדִי דוֹפֵק פִּתְחִי לִי אֲחֹתִי רַעְיָתִי יוֹנָתִי תַמָּתִי שֶׁרֹּאשִׁי נִמְלָא טָל
קְוֻצּוֹתַי רְסִיסֵי לָיְלָה: פָּשַׁטְתִּי אֶת כֻּתָּנְתִּי אֵיכָכָה אֶלְבָּשֶׁנָּה רָחַצְתִּי אֶת רַגְלַי
אֵיכָכָה אֲטַנְּפֵם: דּוֹדִי שָׁלַח יָדוֹ מִן הַחֹר וּמֵעַי הָמוּ עָלָיו: קַמְתִּי אֲנִי לִפְתֹּחַ
לְדוֹדִי וְיָדַי נָטְפוּ מוֹר וְאֶצְבְּעֹתַי מוֹר עֹבֵר עַל כַּפּוֹת הַמַּנְעוּל: פָּתַחְתִּי אֲנִי
לְדוֹדִי וְדוֹדִי חָמַק עָבָר נַפְשִׁי יָצְאָה בְדַבְּרוֹ בִּקַּשְׁתִּיהוּ וְלֹא מְצָאתִיהוּ
קְרָאתִיו וְלֹא עָנָנִי: מְצָאֻנִי הַשֹּׁמְרִים הַסֹּבְבִים בָּעִיר הִכּוּנִי פְצָעוּנִי נָשְׂאוּ
אֶת רְדִידִי מֵעָלַי שֹׁמְרֵי הַחֹמוֹת: הִשְׁבַּעְתִּי אֶתְכֶם בְּנוֹת יְרוּשָׁלָם אִם תִּמְצְאוּ
אֶת דּוֹדִי מַה תַּגִּידוּ לוֹ שֶׁחוֹלַת אַהֲבָה אָנִי: מַה דּוֹדֵךְ מִדּוֹד הַיָּפָה בַּנָּשִׁים
מַה דּוֹדֵךְ מִדּוֹד שֶׁכָּכָה הִשְׁבַּעְתָּנוּ: דּוֹדִי צַח וְאָדוֹם דָּגוּל מֵרְבָבָה: רֹאשׁוֹ
כֶּתֶם פָּז קְוֻצּוֹתָיו תַּלְתַּלִּים שְׁחֹרוֹת כָּעוֹרֵב: עֵינָיו כְּיוֹנִים עַל אֲפִיקֵי מָיִם
רֹחֲצוֹת בֶּחָלָב יֹשְׁבוֹת עַל מִלֵּאת: לְחָיָו כַּעֲרוּגַת הַבֹּשֶׂם מִגְדְּלוֹת מֶרְקָחִים
שִׂפְתוֹתָיו שׁוֹשַׁנִּים נֹטְפוֹת מוֹר עֹבֵר: יָדָיו גְּלִילֵי זָהָב מְמֻלָּאִים בַּתַּרְשִׁישׁ
מֵעָיו עֶשֶׁת שֵׁן מְעֻלֶּפֶת סַפִּירִים: שׁוֹקָיו עַמּוּדֵי שֵׁשׁ מְיֻסָּדִים עַל אַדְנֵי פָז
מַרְאֵהוּ כַּלְּבָנוֹן בָּחוּר כָּאֲרָזִים: חִכּוֹ מַמְתַקִּים וְכֻלּוֹ מַחֲמַדִּים זֶה דוֹדִי וְזֶה
רֵעִי בְּנוֹת יְרוּשָׁלָם:

ו **אָנָה הָלַךְ דּוֹדֵךְ** הַיָּפָה בַּנָּשִׁים אָנָה פָּנָה דוֹדֵךְ וּנְבַקְשֶׁנּוּ עִמָּךְ: דּוֹדִי יָרַד
לְגַנּוֹ לַעֲרוּגוֹת הַבֹּשֶׂם לִרְעוֹת בַּגַּנִּים וְלִלְקֹט שׁוֹשַׁנִּים: אֲנִי לְדוֹדִי וְדוֹדִי לִי
הָרֹעֶה בַּשּׁוֹשַׁנִּים: יָפָה אַתְּ רַעְיָתִי כְּתִרְצָה נָאוָה כִּירוּשָׁלָם אֲיֻמָּה כַּנִּדְגָּלוֹת:
הָסֵבִּי עֵינַיִךְ מִנֶּגְדִּי שֶׁהֵם הִרְהִיבֻנִי שַׂעְרֵךְ כְּעֵדֶר הָעִזִּים שֶׁגָּלְשׁוּ מִן הַגִּלְעָד:
שִׁנַּיִךְ כְּעֵדֶר הָרְחֵלִים שֶׁעָלוּ מִן הָרַחְצָה שֶׁכֻּלָּם מַתְאִימוֹת וְשַׁכֻּלָה אֵין בָּהֶם:

כְּפֶלַח הָרִמּוֹן רַקָּתֵךְ מִבַּעַד לְצַמָּתֵךְ: שִׁשִּׁים הֵמָּה מְלָכוֹת וּשְׁמֹנִים פִּילַגְשִׁים וַעֲלָמוֹת אֵין מִסְפָּר: אַחַת הִיא יוֹנָתִי תַמָּתִי אַחַת הִיא לְאִמָּהּ בָּרָה הִיא לְיוֹלַדְתָּהּ רָאוּהָ בָנוֹת וַיְאַשְּׁרוּהָ מְלָכוֹת וּפִילַגְשִׁים וַיְהַלְלוּהָ: מִי זֹאת הַנִּשְׁקָפָה כְּמוֹ שָׁחַר יָפָה כַלְּבָנָה בָּרָה כַּחַמָּה אֲיֻמָּה כַּנִּדְגָּלוֹת: אֶל גִּנַּת אֱגוֹז יָרַדְתִּי לִרְאוֹת בְּאִבֵּי הַנָּחַל לִרְאוֹת הֲפָרְחָה הַגֶּפֶן הֵנֵצוּ הָרִמֹּנִים: לֹא יָדַעְתִּי נַפְשִׁי שָׂמַתְנִי מַרְכְּבוֹת עַמִּי נָדִיב:

ז **שׁוּבִי שׁוּבִי הַשּׁוּלַמִּית** שׁוּבִי שׁוּבִי וְנֶחֱזֶה בָּךְ מַה תֶּחֱזוּ בַּשּׁוּלַמִּית כִּמְחֹלַת הַמַּחֲנָיִם: מַה יָּפוּ פְעָמַיִךְ בַּנְּעָלִים בַּת נָדִיב חַמּוּקֵי יְרֵכַיִךְ כְּמוֹ חֲלָאִים מַעֲשֵׂה יְדֵי אָמָּן: שָׁרְרֵךְ אַגַּן הַסַּהַר אַל יֶחְסַר הַמָּזֶג בִּטְנֵךְ עֲרֵמַת חִטִּים סוּגָה בַּשּׁוֹשַׁנִּים: שְׁנֵי שָׁדַיִךְ כִּשְׁנֵי עֳפָרִים תָּאֳמֵי צְבִיָּה: צַוָּארֵךְ כְּמִגְדַּל הַשֵּׁן עֵינַיִךְ בְּרֵכוֹת בְּחֶשְׁבּוֹן עַל שַׁעַר בַּת רַבִּים אַפֵּךְ כְּמִגְדַּל הַלְּבָנוֹן צוֹפֶה פְּנֵי דַמָּשֶׂק: רֹאשֵׁךְ עָלַיִךְ כַּכַּרְמֶל וְדַלַּת רֹאשֵׁךְ כָּאַרְגָּמָן מֶלֶךְ אָסוּר בָּרְהָטִים: מַה יָּפִית וּמַה נָּעַמְתְּ אַהֲבָה בַּתַּעֲנוּגִים: זֹאת קוֹמָתֵךְ דָּמְתָה לְתָמָר וְשָׁדַיִךְ לְאַשְׁכֹּלוֹת: אָמַרְתִּי אֶעֱלֶה בְתָמָר אֹחֲזָה בְּסַנְסִנָּיו וְיִהְיוּ נָא שָׁדַיִךְ כְּאֶשְׁכְּלוֹת הַגֶּפֶן וְרֵיחַ אַפֵּךְ כַּתַּפּוּחִים: וְחִכֵּךְ כְּיֵין הַטּוֹב הוֹלֵךְ לְדוֹדִי לְמֵישָׁרִים דּוֹבֵב שִׂפְתֵי יְשֵׁנִים: אֲנִי לְדוֹדִי וְעָלַי תְּשׁוּקָתוֹ: לְכָה דוֹדִי נֵצֵא הַשָּׂדֶה נָלִינָה בַּכְּפָרִים: נַשְׁכִּימָה לַכְּרָמִים נִרְאֶה אִם פָּרְחָה הַגֶּפֶן פִּתַּח הַסְּמָדַר הֵנֵצוּ הָרִמּוֹנִים שָׁם אֶתֵּן אֶת דֹּדַי לָךְ: הַדּוּדָאִים נָתְנוּ רֵיחַ וְעַל פְּתָחֵינוּ כָּל מְגָדִים חֲדָשִׁים גַּם יְשָׁנִים דּוֹדִי צָפַנְתִּי לָךְ:

ח **מִי יִתֶּנְךָ כְּאָח** לִי יוֹנֵק שְׁדֵי אִמִּי אֶמְצָאֲךָ בַחוּץ אֶשָּׁקְךָ גַּם לֹא יָבוּזוּ לִי: אֶנְהָגֲךָ אֲבִיאֲךָ אֶל בֵּית אִמִּי תְּלַמְּדֵנִי אַשְׁקְךָ מִיַּיִן הָרֶקַח מֵעֲסִיס רִמֹּנִי: שְׂמֹאלוֹ תַּחַת רֹאשִׁי וִימִינוֹ תְּחַבְּקֵנִי: הִשְׁבַּעְתִּי אֶתְכֶם בְּנוֹת יְרוּשָׁלָםִ מַה תָּעִירוּ וּמַה תְּעֹרְרוּ אֶת הָאַהֲבָה עַד שֶׁתֶּחְפָּץ: מִי זֹאת עֹלָה מִן הַמִּדְבָּר מִתְרַפֶּקֶת עַל דּוֹדָהּ תַּחַת הַתַּפּוּחַ עוֹרַרְתִּיךָ שָׁמָּה חִבְּלַתְךָ אִמֶּךָ שָׁמָּה חִבְּלָה יְלָדַתְךָ: שִׂימֵנִי כַחוֹתָם עַל לִבֶּךָ כַּחוֹתָם עַל זְרוֹעֶךָ כִּי עַזָּה כַמָּוֶת אַהֲבָה קָשָׁה כִשְׁאוֹל קִנְאָה רְשָׁפֶיהָ רִשְׁפֵּי אֵשׁ שַׁלְהֶבֶתְיָה: מַיִם רַבִּים לֹא יוּכְלוּ לְכַבּוֹת אֶת הָאַהֲבָה וּנְהָרוֹת לֹא יִשְׁטְפוּהָ אִם יִתֵּן אִישׁ אֶת כָּל הוֹן בֵּיתוֹ בָּאַהֲבָה בּוֹז יָבוּזוּ לוֹ: אָחוֹת לָנוּ קְטַנָּה וְשָׁדַיִם אֵין לָהּ מַה נַּעֲשֶׂה לַאֲחֹתֵנוּ בַּיּוֹם שֶׁיְּדֻבַּר בָּהּ: אִם חוֹמָה הִיא נִבְנֶה עָלֶיהָ טִירַת כָּסֶף וְאִם דֶּלֶת הִיא נָצוּר עָלֶיהָ לוּחַ אָרֶז: אֲנִי חוֹמָה וְשָׁדַי כַּמִּגְדָּלוֹת אָז הָיִיתִי בְעֵינָיו כְּמוֹצְאֵת

הַגָּדָה שֶׁל פֶּסַח – שְׁמוּזוֹת זְוַיִים

שָׁלוֹם: כֶּרֶם הָיָה לִשְׁלֹמֹה בְּבַעַל הָמוֹן נָתַן אֶת הַכֶּרֶם לַנֹּטְרִים אִישׁ יָבִא בְּפִרְיוֹ אֶלֶף כָּסֶף: כַּרְמִי שֶׁלִּי לְפָנָי הָאֶלֶף לְךָ שְׁלֹמֹה וּמָאתַיִם לְנֹטְרִים אֶת פִּרְיוֹ: הַיּוֹשֶׁבֶת בַּגַּנִּים חֲבֵרִים מַקְשִׁיבִים לְקוֹלֵךְ הַשְׁמִיעִינִי: בְּרַח דּוֹדִי וּדְמֵה לְךָ לִצְבִי אוֹ לְעֹפֶר הָאַיָּלִים עַל הָרֵי בְשָׂמִים:

**הַיּוֹשֶׁבֶת בַּגַּנִּים חֲבֵרִים מַקְשִׁיבִים לְקוֹלֵךְ הַשְׁמִיעִינִי:**

**רִבּוֹן כָּל הָעוֹלָמִים**, יְהִי רָצוֹן מִלְּפָנֶיךָ יְהֹוָה אֱלֹהֵינוּ וֵאלֹהֵי אֲבוֹתֵינוּ, שֶׁבִּזְכוּת שִׁיר הַשִּׁירִים אֲשֶׁר קָרָאנוּ, שֶׁהוּא קֹדֶשׁ קָדָשִׁים, בִּזְכוּת פְּסוּקָיו, וּבִזְכוּת תֵּבוֹתָיו, וּבִזְכוּת אוֹתִיּוֹתָיו, וּבִזְכוּת נְקֻדּוֹתָיו, וּבִזְכוּת טְעָמָיו וְצֵרוּפָיו וּרְמָזָיו וְסוֹדוֹתָיו הַקְּדוֹשִׁים וְהַטְּהוֹרִים הַנּוֹרָאִים הַיּוֹצְאִים מִמֶּנּוּ, שֶׁתְּהֵא שָׁעָה שֶׁעָה זוֹ שְׁעַת רַחֲמִים, שְׁעַת הַקְשָׁבָה, שְׁעַת הַאֲזָנָה, וְנִקְרָאֲךָ וְתַעֲנֵנוּ, נַעְתִּיר לְךָ וְתֵעָתֵר לָנוּ, וְתִהְיֶה עוֹלָה לְפָנֶיךָ קְרִיאַת שִׁיר הַשִּׁירִים כְּאִלּוּ הִשַּׂגְנוּ כָּל הַסּוֹדוֹת הַנִּפְלָאִים וְהַנּוֹרָאִים אֲשֶׁר הֵם חֲתוּמִים וּסְתוּמִים בּוֹ בְּכָל תְּנָאָיו, וְנִזְכֶּה לְמָקוֹם שֶׁהַנְּפָשׁוֹת, הָרוּחוֹת וְהַנְּשָׁמוֹת, נֶחֱצָבוֹת מִשָּׁם, וּכְאִלּוּ עָשִׂינוּ כָּל מַה שֶּׁמֻּטָּל עָלֵינוּ לְהַשִּׂיג בֵּין בְּגִלְגּוּל זֶה, בֵּין בְּגִלְגּוּלִים אֲחֵרִים, וְלִהְיוֹת מִן הָעוֹלִים וְהַזּוֹכִים לָעוֹלָם הַבָּא, עִם שְׁאָר צַדִּיקִים וַחֲסִידִים. וּמַלֵּא כָּל מִשְׁאֲלוֹת לִבֵּנוּ לְטוֹבָה, וְתִהְיֶה עִם לְבָבֵנוּ וְאִמְרֵי פִינוּ בְּעֵת מַחְשְׁבוֹתֵינוּ, וְעִם יָדֵינוּ בְּעֵת מַעֲבָדֵינוּ, וְתִשְׁלַח בְּרָכָה וְהַצְלָחָה וְהַרְוָחָה, בְּכָל מַעֲשֵׂי יָדֵינוּ, וּמֵעָפָר עֲנָיֵנוּ תְּקִימֵנוּ, וּמֵאַשְׁפּוֹת דַּלּוּתֵנוּ תְּרוֹמְמֵנוּ, וְתָשִׁיב שְׁכִינָתְךָ לְעִיר קָדְשְׁךָ בִּמְהֵרָה בְּיָמֵינוּ, אָמֵן:

הגדה של פסח – שמחות חיים

## חמישים פסוקים בתורה שנזכר בהם יציאת מצרים

א. וּשְׁמַרְתֶּם אֶת הַמַּצּוֹת כִּי בְּעֶצֶם הַיּוֹם הַזֶּה הוֹצֵאתִי אֶת צִבְאוֹתֵיכֶם מֵאֶרֶץ מִצְרָיִם וּשְׁמַרְתֶּם אֶת הַיּוֹם הַזֶּה לְדֹרֹתֵיכֶם חֻקַּת עוֹלָם.

ב. וַיְהִי מִקֵּץ שְׁלֹשִׁים שָׁנָה וְאַרְבַּע מֵאוֹת שָׁנָה וַיְהִי בְּעֶצֶם הַיּוֹם הַזֶּה יָצְאוּ כָּל צִבְאוֹת יְהוָה מֵאֶרֶץ מִצְרָיִם.

ג. וַיְהִי מִקֵּץ שְׁלֹשִׁים שָׁנָה וְאַרְבַּע מֵאוֹת שָׁנָה וַיְהִי בְּעֶצֶם הַיּוֹם הַזֶּה יָצְאוּ כָּל צִבְאוֹת יְהוָה מֵאֶרֶץ מִצְרָיִם.

ד. וַיְהִי בְּעֶצֶם הַיּוֹם הַזֶּה הוֹצִיא יְהוָה אֶת בְּנֵי יִשְׂרָאֵל מֵאֶרֶץ מִצְרַיִם עַל צִבְאֹתָם.

ה. וַיֹּאמֶר מֹשֶׁה אֶל הָעָם זָכוֹר אֶת הַיּוֹם הַזֶּה אֲשֶׁר יְצָאתֶם מִמִּצְרַיִם מִבֵּית עֲבָדִים כִּי בְּחֹזֶק יָד הוֹצִיא יְהוָה אֶתְכֶם מִזֶּה וְלֹא יֵאָכֵל חָמֵץ.

ו. וְהִגַּדְתָּ לְבִנְךָ בַּיּוֹם הַהוּא לֵאמֹר בַּעֲבוּר זֶה עָשָׂה יְהוָה לִי בְּצֵאתִי מִמִּצְרָיִם.

ז. וְהָיָה לְךָ לְאוֹת עַל יָדְךָ וּלְזִכָּרוֹן בֵּין עֵינֶיךָ לְמַעַן תִּהְיֶה תּוֹרַת יְהוָה בְּפִיךָ כִּי בְּיָד חֲזָקָה הוֹצִאֲךָ יְהוָה מִמִּצְרָיִם.

ח. וְהָיָה כִּי יִשְׁאָלְךָ בִנְךָ מָחָר לֵאמֹר מַה זֹּאת וְאָמַרְתָּ אֵלָיו בְּחֹזֶק יָד הוֹצִיאָנוּ יְהוָה מִמִּצְרַיִם מִבֵּית עֲבָדִים.

ט. וְהָיָה לְאוֹת עַל יָדְכָה וּלְטוֹטָפֹת בֵּין עֵינֶיךָ כִּי בְּחֹזֶק יָד הוֹצִיאָנוּ יְהוָה מִמִּצְרָיִם.

י. וַיֹּאמֶר מֹשֶׁה וְאַהֲרֹן אֶל כָּל בְּנֵי יִשְׂרָאֵל עֶרֶב וִידַעְתֶּם כִּי יְהוָה הוֹצִיא אֶתְכֶם מֵאֶרֶץ מִצְרָיִם.

יא. וַיֹּאמֶר מֹשֶׁה זֶה הַדָּבָר אֲשֶׁר צִוָּה יְהוָה מְלֹא הָעֹמֶר מִמֶּנּוּ לְמִשְׁמֶרֶת לְדֹרֹתֵיכֶם לְמַעַן יִרְאוּ אֶת הַלֶּחֶם אֲשֶׁר הֶאֱכַלְתִּי אֶתְכֶם בַּמִּדְבָּר בְּהוֹצִיאִי אֶתְכֶם מֵאֶרֶץ מִצְרָיִם.

יב. וַיִּשְׁמַע יִתְרוֹ כֹהֵן מִדְיָן חֹתֵן מֹשֶׁה אֵת כָּל אֲשֶׁר עָשָׂה אֱלֹהִים לְמֹשֶׁה וּלְיִשְׂרָאֵל עַמּוֹ כִּי הוֹצִיא יְהוָה אֶת יִשְׂרָאֵל מִמִּצְרָיִם.

יג. בַּחֹדֶשׁ הַשְּׁלִישִׁי לְצֵאת בְּנֵי יִשְׂרָאֵל מֵאֶרֶץ מִצְרָיִם בַּיּוֹם הַזֶּה בָּאוּ מִדְבַּר סִינָי.

יד. אָנֹכִי יְהוָה אֱלֹהֶיךָ אֲשֶׁר הוֹצֵאתִיךָ מֵאֶרֶץ מִצְרַיִם מִבֵּית עֲבָדִים לֹא יִהְיֶה לְךָ אֱלֹהִים אֲחֵרִים עַל פָּנָיַ.

טו. אֶת חַג הַמַּצּוֹת תִּשְׁמֹר שִׁבְעַת יָמִים תֹּאכַל מַצּוֹת כַּאֲשֶׁר צִוִּיתִךָ לְמוֹעֵד חֹדֶשׁ הָאָבִיב כִּי בוֹ יָצָאתָ מִמִּצְרָיִם וְלֹא יֵרָאוּ פָנַי רֵיקָם.

טז. וְיָדְעוּ כִּי אֲנִי יְהוָה אֱלֹהֵיהֶם אֲשֶׁר הוֹצֵאתִי אֹתָם מֵאֶרֶץ מִצְרַיִם לְשָׁכְנִי בְתוֹכָם אֲנִי יְהוָה אֱלֹהֵיהֶם.

יז. אֶת חַג הַמַּצּוֹת תִּשְׁמֹר שִׁבְעַת יָמִים תֹּאכַל מַצּוֹת אֲשֶׁר צִוִּיתִךָ לְמוֹעֵד חֹדֶשׁ הָאָבִיב כִּי בְחֹדֶשׁ הָאָבִיב יָצָאתָ מִמִּצְרָיִם.

יח. מֹאזְנֵי צֶדֶק אַבְנֵי צֶדֶק אֵיפַת צֶדֶק וְהִין צֶדֶק יִהְיֶה לָכֶם אֲנִי יְהֹוָה אֱלֹהֵיכֶם אֲשֶׁר הוֹצֵאתִי אֶתְכֶם מֵאֶרֶץ מִצְרָיִם.

יט. הַמּוֹצִיא אֶתְכֶם מֵאֶרֶץ מִצְרַיִם לִהְיוֹת לָכֶם לֵאלֹהִים אֲנִי יְהֹוָה.

כ. לְמַעַן יֵדְעוּ דֹרֹתֵיכֶם כִּי בַסֻּכּוֹת הוֹשַׁבְתִּי אֶת בְּנֵי יִשְׂרָאֵל בְּהוֹצִיאִי אוֹתָם מֵאֶרֶץ מִצְרָיִם אֲנִי יְהֹוָה אֱלֹהֵיכֶם.

כא. אֲנִי יְהֹוָה אֱלֹהֵיכֶם אֲשֶׁר הוֹצֵאתִי אֶתְכֶם מֵאֶרֶץ מִצְרַיִם לָתֵת לָכֶם אֶת אֶרֶץ כְּנָעַן לִהְיוֹת לָכֶם לֵאלֹהִים.

כב. כִּי עֲבָדַי הֵם אֲשֶׁר הוֹצֵאתִי אֹתָם מֵאֶרֶץ מִצְרָיִם לֹא יִמָּכְרוּ מִמְכֶּרֶת עָבֶד.

כג. כִּי לִי בְנֵי יִשְׂרָאֵל עֲבָדִים עֲבָדַי הֵם אֲשֶׁר הוֹצֵאתִי אוֹתָם מֵאֶרֶץ מִצְרָיִם אֲנִי יְהֹוָה אֱלֹהֵיכֶם.

כד. אֲנִי יְהֹוָה אֱלֹהֵיכֶם אֲשֶׁר הוֹצֵאתִי אֶתְכֶם מֵאֶרֶץ מִצְרַיִם מִהְיֹת לָהֶם עֲבָדִים וָאֶשְׁבֹּר מֹטֹת עֻלְּכֶם וָאוֹלֵךְ אֶתְכֶם קוֹמְמִיּוּת.

כה. וְזָכַרְתִּי לָהֶם בְּרִית רִאשֹׁנִים אֲשֶׁר הוֹצֵאתִי אֹתָם מֵאֶרֶץ מִצְרַיִם לְעֵינֵי הַגּוֹיִם לִהְיוֹת לָהֶם לֵאלֹהִים אֲנִי יְהֹוָה.

כו. אֲנִי יְהֹוָה אֱלֹהֵיכֶם אֲשֶׁר הוֹצֵאתִי אֶתְכֶם מֵאֶרֶץ מִצְרַיִם לִהְיוֹת לָכֶם לֵאלֹהִים אֲנִי יְהֹוָה אֱלֹהֵיכֶם.

כז. אֵל מוֹצִיאָם מִמִּצְרָיִם כְּתוֹעֲפֹת רְאֵם לוֹ.

כח. אֵל מוֹצִיאוֹ מִמִּצְרַיִם כְּתוֹעֲפֹת רְאֵם לוֹ יֹאכַל גּוֹיִם צָרָיו וְעַצְמֹתֵיהֶם יְגָרֵם וְחִצָּיו יִמְחָץ.

כט. מִבֶּן עֶשְׂרִים שָׁנָה וָמָעְלָה כַּאֲשֶׁר צִוָּה יְהֹוָה אֶת מֹשֶׁה וּבְנֵי יִשְׂרָאֵל הַיֹּצְאִים מֵאֶרֶץ מִצְרָיִם.

ל. אֵלֶּה מַסְעֵי בְנֵי יִשְׂרָאֵל אֲשֶׁר יָצְאוּ מֵאֶרֶץ מִצְרַיִם לְצִבְאֹתָם בְּיַד מֹשֶׁה וְאַהֲרֹן.

לא. וַיִּסְעוּ מֵרַעְמְסֵס בַּחֹדֶשׁ הָרִאשׁוֹן בַּחֲמִשָּׁה עָשָׂר יוֹם לַחֹדֶשׁ הָרִאשׁוֹן מִמָּחֳרַת הַפֶּסַח יָצְאוּ בְנֵי יִשְׂרָאֵל בְּיָד רָמָה לְעֵינֵי כָּל מִצְרָיִם.

לב. וְאֶתְכֶם לָקַח יְהֹוָה וַיּוֹצִא אֶתְכֶם מִכּוּר הַבַּרְזֶל מִמִּצְרָיִם לִהְיוֹת לוֹ לְעַם נַחֲלָה כַּיּוֹם הַזֶּה.

לג. וְתַחַת כִּי אָהַב אֶת אֲבֹתֶיךָ וַיִּבְחַר בְּזַרְעוֹ אַחֲרָיו וַיּוֹצִאֲךָ בְּפָנָיו בְּכֹחוֹ הַגָּדֹל מִמִּצְרָיִם.

לד. אָנֹכִי יְהֹוָה אֱלֹהֶיךָ אֲשֶׁר הוֹצֵאתִיךָ מֵאֶרֶץ מִצְרַיִם מִבֵּית עֲבָדִים.

לה. וְזָכַרְתָּ כִּי עֶבֶד הָיִיתָ בְּאֶרֶץ מִצְרַיִם וַיֹּצִאֲךָ יְהֹוָה אֱלֹהֶיךָ מִשָּׁם בְּיָד חֲזָקָה וּבִזְרֹעַ נְטוּיָה עַל כֵּן צִוְּךָ יְהֹוָה אֱלֹהֶיךָ לַעֲשׂוֹת אֶת יוֹם הַשַּׁבָּת.

לו. הִשָּׁמֶר לְךָ פֶּן תִּשְׁכַּח אֶת יְהֹוָה אֲשֶׁר הוֹצִיאֲךָ מֵאֶרֶץ מִצְרַיִם מִבֵּית עֲבָדִים.

לז. וְאָמַרְתָּ לְבִנְךָ עֲבָדִים הָיִינוּ לְפַרְעֹה בְּמִצְרָיִם וַיֹּצִיאֵנוּ יְהֹוָה מִמִּצְרַיִם בְּיָד חֲזָקָה.

לח. כִּי מֵאַהֲבַת יְהֹוָה אֶתְכֶם וּמִשָּׁמְרוֹ אֶת הַשְּׁבֻעָה אֲשֶׁר נִשְׁבַּע לַאֲבֹתֵיכֶם הוֹצִיא יְהֹוָה אֶתְכֶם בְּיָד חֲזָקָה וַיִּפְדְּךָ מִבֵּית עֲבָדִים מִיַּד פַּרְעֹה מֶלֶךְ מִצְרָיִם.

טל. לֹא תִירָא מֵהֶם זָכֹר תִּזְכֹּר אֵת אֲשֶׁר עָשָׂה יְהֹוָה אֱלֹהֶיךָ לְפַרְעֹה וּלְכָל מִצְרָיִם.

מ. וְרָם לְבָבֶךָ וְשָׁכַחְתָּ אֶת יְהֹוָה אֱלֹהֶיךָ הַמּוֹצִיאֲךָ מֵאֶרֶץ מִצְרַיִם מִבֵּית עֲבָדִים.

מא. וָאֶתְפַּלֵּל אֶל יְהֹוָה וָאֹמַר אֲדֹנָי יֱהֹוִה אַל תַּשְׁחֵת עַמְּךָ וְנַחֲלָתְךָ אֲשֶׁר פָּדִיתָ בְּגָדְלֶךָ אֲשֶׁר הוֹצֵאתָ מִמִּצְרַיִם בְּיָד חֲזָקָה.

מב. וְהַנָּבִיא הַהוּא אוֹ חֹלֵם הַחֲלוֹם הַהוּא יוּמָת כִּי דִבֶּר סָרָה עַל יְהֹוָה אֱלֹהֵיכֶם הַמּוֹצִיא אֶתְכֶם מֵאֶרֶץ מִצְרַיִם וְהַפֹּדְךָ מִבֵּית עֲבָדִים לְהַדִּיחֲךָ מִן הַדֶּרֶךְ אֲשֶׁר צִוְּךָ יְהֹוָה אֱלֹהֶיךָ לָלֶכֶת בָּהּ וּבִעַרְתָּ הָרָע מִקִּרְבֶּךָ.

מג. וּסְקַלְתּוֹ בָאֲבָנִים וָמֵת כִּי בִקֵּשׁ לְהַדִּיחֲךָ מֵעַל יְהֹוָה אֱלֹהֶיךָ הַמּוֹצִיאֲךָ מֵאֶרֶץ מִצְרַיִם מִבֵּית עֲבָדִים.

מד. וְזָכַרְתָּ כִּי עֶבֶד הָיִיתָ בְּמִצְרַיִם וַיִּפְדְּךָ יְהֹוָה אֱלֹהֶיךָ מִשָּׁם עַל כֵּן אָנֹכִי מְצַוְּךָ לַעֲשׂוֹת אֶת הַדָּבָר הַזֶּה.

מה. שָׁמוֹר אֶת חֹדֶשׁ הָאָבִיב וְעָשִׂיתָ פֶּסַח לַיהֹוָה אֱלֹהֶיךָ כִּי בְּחֹדֶשׁ הָאָבִיב הוֹצִיאֲךָ יְהֹוָה אֱלֹהֶיךָ מִמִּצְרַיִם לָיְלָה.

מו. לֹא תֹאכַל עָלָיו חָמֵץ שִׁבְעַת יָמִים תֹּאכַל עָלָיו מַצּוֹת לֶחֶם עֹנִי כִּי בְחִפָּזוֹן יָצָאתָ מֵאֶרֶץ מִצְרַיִם לְמַעַן תִּזְכֹּר אֶת יוֹם צֵאתְךָ מֵאֶרֶץ מִצְרַיִם כֹּל יְמֵי חַיֶּיךָ.

מז. כִּי אִם אֶל הַמָּקוֹם אֲשֶׁר יִבְחַר יְהֹוָה אֱלֹהֶיךָ לְשַׁכֵּן שְׁמוֹ שָׁם תִּזְבַּח אֶת הַפֶּסַח בָּעָרֶב כְּבוֹא הַשֶּׁמֶשׁ מוֹעֵד צֵאתְךָ מִמִּצְרָיִם.

מח. וְזָכַרְתָּ כִּי עֶבֶד הָיִיתָ בְּמִצְרַיִם וַיִּפְדְּךָ יְהֹוָה אֱלֹהֶיךָ מִשָּׁם עַל כֵּן אָנֹכִי מְצַוְּךָ לַעֲשׂוֹת אֶת הַדָּבָר הַזֶּה.

מט. זָכוֹר אֵת אֲשֶׁר עָשָׂה לְךָ עֲמָלֵק בַּדֶּרֶךְ בְּצֵאתְכֶם מִמִּצְרָיִם.

נ. וַיּוֹצִאֵנוּ יְהֹוָה מִמִּצְרַיִם בְּיָד חֲזָקָה וּבִזְרֹעַ נְטוּיָה וּבְמֹרָא גָּדֹל וּבְאֹתוֹת וּבְמֹפְתִים.

## ואמרתם זבח פסח

**וּבְכֵן** וַאֲמַרְתֶּם זֶבַח פֶּסַח:
אֹמֶץ גְּבוּרוֹתֶיךָ הִפְלֵאתָ, בַּפֶּסַח.
בְּרֹאשׁ כָּל מוֹעֲדוֹת נִשֵּׂאתָ, פֶּסַח.
גִּלִּיתָ לְאֶזְרָחִי חֲצוֹת לֵיל, פֶּסַח.
וַאֲמַרְתֶּם זֶבַח פֶּסַח
דְּלָתָיו דָּפַקְתָּ כְּחֹם הַיּוֹם, בַּפֶּסַח.
הִסְעִיד נוֹצְצִים עוּגוֹת מַצּוֹת, בַּפֶּסַח.
וְאֶל הַבָּקָר רָץ זֵכֶר לְשׁוֹר עֵרֶךְ, פֶּסַח.
וַאֲמַרְתֶּם זֶבַח פֶּסַח
זֹעֲמוּ סְדוֹמִיִּים וְלֹהֲטוּ בָּאֵשׁ, פֶּסַח.
חֻלַּץ לוֹט מֵהֶם וּמַצּוֹת אָפָה בְּקֵץ, פֶּסַח.
טִאטֵאתָ אַדְמַת מוֹף וְנוֹף בְּעָבְרְךָ, בַּפֶּסַח.
וַאֲמַרְתֶּם זֶבַח פֶּסַח
יָהּ רֹאשׁ כָּל אוֹן מָחַצְתָּ בְּלֵיל שִׁמּוּר, פֶּסַח.
כַּבִּיר עַל בֵּן בְּכוֹר פָּסַחְתָּ בְּדַם, פֶּסַח.
לְבִלְתִּי תֵּת מַשְׁחִית לָבֹא בִּפְתָחַי, בַּפֶּסַח.
וַאֲמַרְתֶּם זֶבַח פֶּסַח
מְסֻגֶּרֶת סֻגָּרָה בְּעִתּוֹתֵי, פֶּסַח.
נִשְׁמְדָה מִדְיָן בִּצְלִיל שְׂעוֹרֵי עֹמֶר, פֶּסַח.
שׂוֹרְפוּ מִשְׁמַנֵּי פּוּל וְלוּד בִּיקַד יְקוֹד, פֶּסַח.
וַאֲמַרְתֶּם זֶבַח פֶּסַח
עוֹד הַיּוֹם בְּנוֹב לַעֲמוֹד עַד גָּעָה עוֹנַת, פֶּסַח.
פַּס יַד כָּתְבָה לְקַעֲקֵעַ צוּל, בַּפֶּסַח.
צָפֹה הַצָּפִית עָרוֹךְ הַשֻּׁלְחָן, בַּפֶּסַח.
וַאֲמַרְתֶּם זֶבַח פֶּסַח
קָהָל כִּנְּסָה הֲדַסָּה לְשַׁלֵּשׁ צוֹם, בַּפֶּסַח.

רֹאשׁ מִבֵּית רָשָׁע מָחַצְתָּ בְּעֵץ חֲמִשִּׁים, בַּפֶּסַח.
שְׁתֵּי אֵלֶּה רֶגַע תָּבִיא לְעוּצִית, בַּפֶּסַח.
תָּעֹז יָדְךָ תָּרוּם יְמִינְךָ כְּלֵיל הִתְקַדֵּשׁ חַג, פֶּסַח.
וַאֲמַרְתֶּם זֶבַח פֶּסַח

שַׁבְּחִי יְרוּשָׁלַיִם אֶת ה',
הַלְלִי אֱלֹהַיִךְ צִיּוֹן.
כִּי חִזַּק בְּרִיחֵי שְׁעָרָיִךְ,
בֵּרַךְ בָּנַיִךְ בְּקִרְבֵּךְ.

## אֲדוֹן עוֹלָם

| | |
|---|---|
| אֲדוֹן עוֹלָם אֲשֶׁר מָלַךְ | בְּטֶרֶם כָּל יְצִיר נִבְרָא |
| לְעֵת נַעֲשָׂה בְחֶפְצוֹ כֹּל | אֲזַי מֶלֶךְ שְׁמוֹ נִקְרָא |
| וְאַחֲרֵי כִּכְלוֹת הַכֹּל | לְבַדּוֹ יִמְלֹךְ נוֹרָא |
| וְהוּא הָיָה וְהוּא הֹוֶה | וְהוּא יִהְיֶה בְּתִפְאָרָה |
| וְהוּא אֶחָד וְאֵין שֵׁנִי | לְהַמְשִׁילוֹ וּלְהַחְבִּירָה |
| בְּלִי רֵאשִׁית בְּלִי תַכְלִית | וְלוֹ הָעֹז וְהַמִּשְׂרָה |
| בְּלִי עֵרֶךְ בְּלִי דִמְיוֹן | בְּלִי שִׁנּוּי וּתְמוּרָה |
| בְּלִי חִבּוּר בְּלִי פֵּרוּד | גְּדָל כֹּחַ וּגְבוּרָה. |
| וְהוּא אֵלִי וְחַי גּוֹאֲלִי | וְצוּר חֶבְלִי בְּיוֹם צָרָה |
| וְהוּא נִסִּי וּמָנוּסִי | מְנָת כּוֹסִי בְּיוֹם אֶקְרָא |
| וְהוּא רוֹפֵא וְהוּא מַרְפֵּא | וְהוּא צוֹפֶה וְהוּא עֶזְרָה |
| בְּיָדוֹ אַפְקִיד רוּחִי | בְּעֵת אִישַׁן וְאָעִירָה |
| וְעִם רוּחִי גְּוִיָּתִי | אֲדֹנָי לִי וְלֹא אִירָא |
| בְּמִקְדָּשׁוֹ תָּגֵל נַפְשִׁי | מְשִׁיחֵנוּ יִשְׁלַח מְהֵרָה |
| וְאָז נָשִׁיר בְּבֵית קָדְשִׁי | אָמֵן אָמֵן שֵׁם הַנּוֹרָא |

הַגָּדָה שֶׁל פֶּסַח – שְׁמוֹזוֹת זוּיים

## אַדִּיר הוּא

יִבְנֶה בֵיתוֹ בְּקָרוֹב בִּמְהֵרָה, בִּמְהֵרָה בְּיָמֵינוּ בְּקָרוֹב אֵל בְּנֵה.

אֵל בְּנֵה, בְּנֵה בֵיתְךָ בְּקָרוֹב, בָּחוּר הוּא, גָּדוֹל הוּא, דָּגוּל הוּא, הָדוּר הוּא, וָתִיק הוּא, זַכַּאי הוּא, חָסִיד הוּא, טָהוֹר הוּא, יָחִיד הוּא, כַּבִּיר הוּא, לָמוּד הוּא, מֶלֶךְ הוּא, נוֹרָא הוּא סַגִּיב הוּא, עִזּוּז הוּא, פּוֹדֶה הוּא, צַדִּיק הוּא, קָדוֹשׁ הוּא, רַחוּם הוּא, שַׁדַּי הוּא, תַּקִּיף הוּא.

יִבְנֶה בֵיתוֹ בְּקָרוֹב
בִּמְהֵרָה בִּמְהֵרָה בְּיָמֵינוּ בְּקָרוֹב
אֵל בְּנֵה, אֵל בְּנֵה, בְּנֵה בֵיתְךָ בְּקָרוֹב:

## אֵל בְּיָדוֹ

אֵל בְּיָדוֹ יָדוֹ יָדוֹ — יִגְאַל יִשְׂרָאֵל עַבְדּוֹ
וּבְקַשְׁתִּי מֵחַסְדּוֹ — אָנָה פָּנָה דוֹדִי לְבַדּוֹ
אֲהַבְתִּיךָ צוּר יְדִידִי — בְּכָל נַפְשִׁי וּמְאֹדִי
שִׁוִּיתִי שִׁמְךָ לְנֶגְדִּי — לְיַחֲדוֹ וּלְעָבְדוֹ
לָעַד שִׂמְחוּ קְדוֹשִׁים — בְּנִיסָן רֹאשׁ חֳדָשִׁים
כִּי בוֹ יָצָאנוּ חָפְשִׁים — מִיַּד פַּרְעֹה בְּמָרְדּוֹ
יָהּ חֲבִיבִי וּגְאוֹנִי — לָעַד הַרְבֵּה שְׂשׂוֹנִי
מָתַי תִּבְנֶה אַרְמוֹנִי — וּתְיַסֵּד אֶת יְסוֹדוֹ
הַלֵּל יֹאמְרוּ קֳדָמְךָ — יִשְׂרָאֵל עַם תְּמִימָךְ
מָתַי יַקְרִיבוּ עִמָּךְ — הַפֶּסַח בְּמוֹעֲדוֹ
וּבִזְכוּת לֵיל שִׁמּוּרִים — יִגְאַל עַם הַנִּבְחָרִים
וְעַל כַּנְפֵי נְשָׁרִים — יְבִיאֵם עִיר כְּבוֹדוֹ
חִזְקוּ בָנִים וְאָבוֹת — תִּזְכּוּ לְשָׁנִים רַבּוֹת
שִׂמְחוּ בְּכַמָּה טוֹבוֹת — הוֹדוּ לַה' חַסְדּוֹ